EMPRESÁRIO DE SUCESSO

Dicas infalíveis para alavancar sua carreira

Todos os direitos reservados
Copyright © 2019 by Editora Pandorga

Texto de acordo com as normas do
Novo Acordo Ortográfico
da Língua Portuguesa
(Decreto Legislativo nº 54, de 1995)

Direção editorial
Silvia Vasconcelos Naves
Produção editorial
Equipe Editora Pandorga
Preparação
Jéssica Gasparini Martins
Revisão
Alessandra Angelo
Gabriela Peres
Fotógrafo
Fabiano Silva
Direção de Arte
Antonio Martins
Produção
Ana Martins
Locação
ACM Productions Studios in Miami
Projeto Gráfico e Diagramação
Célia Rosa
Composição de capa
Lumiar Design

Dados Internacionais de Catalogação na Publicação (CIP)

F543e Fernandez, Agustin
1.ed.   Empresário de sucesso / Agustin Fernandez. –
        1.ed. – São Paulo: Pandorga, 2019.
        192 p.; il.; 16 x 23 cm.

        ISBN: 978-85-8442-396-5

        1. Administração geral. 2. Empreendedorismo. 3.
        Negócios. 4. Gestão. I. Título.
                                            CDD 658

Índice para catálogo sistemático:
1. Administração geral
2. Empreendedorismo
3. Negócios: gestão

Bibliotecária responsável: Aline Graziele Benitez CRB-1/3129

2019
IMPRESSO NO BRASIL
PRINTED IN BRAZIL
DIREITOS CEDIDOS PARA ESTA EDIÇÃO À EDITORA PANDORGA
Rodovia Raposo Tavares, km 22
CEP: 06709015 – Lageadinho – Cotia – SP
Tel. (11) 4612-6404
www.editorapandorga.com.br

Agustin Fernandez

EMPRESÁRIO DE SUCESSO

Dicas infalíveis para alavancar sua carreira

2019
1ª Edição

Editora E Produtora

Apresentação

[*Eu não sei quando* ou como será o dia de colher os seus frutos, mas sei que todo dia é dia de plantar **uma semente de empreendedorismo** *no terreno dos negócios, e que a* **colheita do sucesso** *é* **obrigatória.**]

O que é o sucesso?

PARA TER SUCESSO VOCÊ PRECISA SER FAMOSO? Eu lhe respondo que não, necessariamente, embora investir na imagem e na sua propaganda pessoal ajude a alavancar seu sucesso. A concepção de ser bem-sucedido é muito pessoal, para alguns ser bem-sucedido é ter uma agenda lotada, para outros é conquistar sua casa; comprar seu carro; ter condições de pagar o colégio do seu filho, ou simplesmente poder consumir o que desejar. O SUCESSO PROFISSIONAL é você ter acesso às coisas a partir do seu TRABALHO. O que vai SIGNIFICAR o sucesso, isso só você vai saber, mas o caminho para alcançá-lo é o mesmo para todos. Existem, porém, coisas que você vai ter que carregar durante esse trajeto: muito trabalho, muita dedicação, muito esforço, muita competência, muita autoestima profissional, muita segurança e principalmente muita fé. É ter certeza de que de tudo o que você semear nesse caminho, serão colhidos bons frutos lá na frente, quando olhar pra trás.

Então, sim, me considero bem-sucedido, pois percorri meu caminho e consegui alcançar meus sonhos e graças ao meu trabalho eu conquistei minha casa, minha empresa, minha linha de cosméticos e o que eu considero o maior bem de todos: minha liberdade de ir e vir, pois o meu trabalho me proporcionou a oportunidade de conhecer diversos países e suas culturas.

> **No decorrer dessa trajetória**, *para que eu chegasse até aqui, tive que percorrer um caminho que não teve muitas flores, mas disso não vamos falar agora, você pode me conhecer em detalhes em meu outro livro...*

Em conversas com seguidores, fãs, pessoas que de um modo geral entram em contato comigo, percebi quantas dúvidas surgem quando falamos em ser bem-sucedido, como muitas vezes os outros nutrem expectativas equivocadas de que vão iniciar um negócio e pronto, dará certo, começarão a faturar e tudo correrá conforme o cronograma traçado em suas cabeças. Quanto a isso eu tenho uma boa e uma má notícia para você. A boa notícia é que eu não conheci ninguém até hoje que tenha se esforçado, que tenha se dedicado, tenha colocado seu amor naquilo que esteja fazendo e não tenha obtido resultado; a notícia ruim é que não é fácil. Você vai ficar frustrado inúmeras vezes, vai tomar as decisões erradas e talvez por causa dessas decisões tenha que começar tudo novamente e vai pensar em desistir, mas eu posso lhe garantir que se você passar por tudo isso e continuar firme em seu propósito, uma hora tudo acontece e finalmente você vai conseguir sua realização profissional.

Tenha em mente que nem sempre o mar é de rosas, na grande maioria das vezes, as ondas ficam bem bravas e em outras vão até querer lhe encobrir. Mas o importante é se segurar em seu barquinho e continuar remando... remando... remando... incansavelmente.

Tem uma frase famosa atribuída ao John Lennon que diz assim:

"A vida é aquilo que acontece enquanto você está fazendo outros planos".

Essa frase faz parte da música *Beautiful Boy*, que ele compôs para seu filho Sean, e você já deve ter visto pela internet.

Mas o que essa frase quer dizer?

A princípio, parece óbvio: não importa o quanto você planeje, o quanto você programe e antecipe, a vida não seguirá os seus planos. A vida simplesmente seguirá e "acontecerá" enquanto você se ocupa fazendo planos, não importa quais sejam.

E é bem isso.

A mensagem de Lennon para o filho é bem clara: relaxe! Não se ocupe demais fazendo muitos planos! Isso não é viver. A vida acontecerá independentemente deles e isso não é um problema. É assim que as coisas funcionam.

Mas... Eu não quero dizer com isso que você não deva planejar. Planejar é buscar o controle. Planejar é estudar, organizar, coordenar ações a serem tomadas para a realização de uma atividade visando solucionar um problema ou alcançar um objetivo.

O que eu quero dizer é que o sucesso não vem por acaso, nem por mágica.

A estilista francesa e fundadora da marca Chanel, Coco Chanel, disse sobre o sucesso que "para ser insubstituível, você precisa ser diferente".

Ser diferente, fazer melhor, com carinho, atenção e dedicação, acredito que essas sejam, sim, partes importantes do caminho, mas é preciso mais.

Considero que Steve Jobs, o criador do Iphone (para falar pouco), deu-nos uma dica mais assertiva. Ele disse:

"*Estou convencido de que metade do que separa os empreendedores bem-sucedidos de todo o resto é a pura perseverança*".

Meu intuito é colocar à sua disposição, nesse livro, informações sobre como acabar com muitas dúvidas simples que surgirão em seu caminho, passando todo esse conteúdo de uma forma leve e dinâmica. Tenho certeza que após essa leitura muita coisa mudará na sua maneira de pensar sobre seu negócio, sua carreira e até mesmo sobre você. Quero introduzi-lo no mundo dos negócios, ressaltando que a autoestima é importante tanto na vida pessoal como no mundo do empreendedorismo. Uma autoestima profissional elevada te torna confiante, seguro e capaz.

E então? Vamos lá?

COMECE SUA HISTÓRIA

Comece a escrever a sua história, com a certeza de que aonde você vai chegar é você quem decide, não os outros.

Muitos dirão que você não tem potencial para alcançar o sucesso, e quando você alcançar, eles dirão que você "esqueceu dos pobres" ou que "teve sorte na vida".

MAS VOCÊ, SÓ VOCÊ, CONHECE O SEU CORAÇÃO, o caminho trilhado, os dias de luta, os dias de glória, **SOMENTE VOCÊ E DEUS.**

Eu não sei quem é você, qual a sua história, ***quantas pedras o seu pé já conheceu***, mas se nesse momento está lendo meu livro, acredito que seja porque está procurando se tornar um profissional de sucesso reconhecido na sua área e na área da beleza.

Óbvio que isso é possível e todas essas dicas de empreendedorismo são bem-vindas, principalmente as duas anteriormente citadas: ser perseverante e diferente.

Mas não é somente isso.

Para mim, o segredo do sucesso está em estudar, se preparar, conhecer o mercado em que você está ingressando e tomar consciência de quem é você dentro dessa engrenagem gigantesca.

E, na nossa área, ser um profissional de beleza é um pouco diferente das outras profissões. Nesse ramo você não é um empregado, não é um funcionário, tampouco um trabalhador convencional que tem a carteira assinada, com 13º, férias e todos os benefícios que um trabalhador formal tem. Mesmo que você esteja trabalhando dentro de um salão, uma estética ou uma esmalteria, está lá prestando serviço terceirizado.

Então, os ensinamentos de Steve Jobs e Coco Chanel aqui se encaixam: **ser diferente e perseverante**. Eu acrescentaria ser **persistente e resiliente**, porque são conceitos que lhe dizem que é preciso superar as dificuldades, sem desviar o foco e acreditando sempre no seu potencial.

Se você escolheu essa profissão, buscou esse caminho e quer ser bem-sucedido, deve se preparar da melhor maneira possível, ter consciência de que muitas dificuldades hão de vir e estar pronto para enfrentá-las, sem se desviar de seus objetivos. Afinal, você é um empresário, prestando um serviço especializado, dentro de uma outra empresa.

E se você é um empresário, deve começar a pensar e agir profissionalmente. Outra questão importante é entender que há uma diferença entre os termos "EMPRESÁRIO" E "EMPREENDEDOR".

SER EMPRESÁRIO
Está mais ligado à profissão e a possuir a própria empresa.

SER EMPREENDEDOR
Está ligado a um comportamento.

Para empreender não é preciso abrir ou ter o seu próprio negócio; é possível empreender em diversos campos da vida e é possível ser bastante empreendedor sendo empregado formal, mesmo que você não tenha cargo de gestão ou chefia.

A diferença entre empreendedores e empresários é sutil, por isso muitos confundem e poucos veem as diferenças. Para a maioria, quem abre uma empresa é empreendedor e empresário, mas não é bem assim. Na verdade ambos têm papéis distintos e complementares. Há empreendedores que são empresários, como por exemplo, Flávio Augusto da Silva, que fundou a escola de idiomas *Wise Up* na década de 1990, depois vendeu a empresa, comprou o time de futebol Orlando City nos Estados Unidos, fundou a "meusucesso.com" e hoje corre o país fazendo palestras com sua série de livros intituladas *Geração de Valor*, na qual ensina outras pessoas a empreender.

O economista austríaco Joseph A. Schumpeter, no livro *Capitalismo, socialismo e democracia*, define o empreendedor como alguém que desenvolve novos produtos, novos métodos de produção e novos mercados. Traduzindo: empreendedor é a pessoa que inicia algo novo, que vê o que ninguém vê, que faz o que ninguém faz ou faz diferente de todo mundo. Enfim, é aquele que realiza antes, aquele que sai da área do sonho, do desejo e parte para a ação.

Essa é uma característica fundamental do empreendedor: é inquieto. Gosta de coisas novas, novos empreendimentos, invenções, inovações etc. Há empreendedores que falham justamente por não serem empresários. Isto é, têm a ideia, abrem o negócio, mas faltam as competências necessárias para consolidar aquilo que criou e acabam passando o negócio pra frente, investindo noutro e seguem adiante.

O Serviço Brasileiro de Apoio às Micro e Pequenas Empresas (Sebrae) lista cinco características que definem um empreendedor e que vão nos ajudar a compreender um pouco mais essas diferenças:

1. Tem iniciativa;

2. É persistente;

3. Tem autoconfiança;

4. Age com coragem;

5. Preza a eficiência.

Mas a principal característica é que o empreendedor é quem identifica oportunidades e gera riquezas a partir delas. É aquele tipo de pessoa que é capaz de criar uma empresa ou negócio a partir do zero; transformar uma simples ideia num negócio que, muitas vezes, passa a valer milhões. Há inúmeros casos de empreendedores de sucesso na internet.

Ser empreendedor está mais ligado a um comportamento do que propriamente a um negócio, por isso não é preciso abrir ou ter o seu próprio negócio para ser um empreendedor. É possível até mesmo na vida pessoal ou mesmo sendo empregado.

Já o empresário, não. Empresário é o contrário: é mais acomodado, por assim dizer. Ele pode até ter algumas das características do empreendedor, mas está sempre buscando a consolidação e a perpetuação do negócio ou da empresa. Empresários preferem não se arriscar em inovações, procuram manter uma rotina financeira, gerenciam equipes, são organizados, pacientes e atentos aos detalhes que cercam a administração do negócio no dia a dia, sabem que precisam entender o motivo de cada decisão nos mínimos detalhes para alcançar resultados consistentes ao longo do tempo.

EXERCE PROFISSIONALMENTE uma atividade econômica que busca gerar lucro, organizada que articula os fatores de produção, para a produção ou a circulação de bens ou de serviços.

Entre as características do empresário estão:

1. Liderança;

2. Habilidade para solucionar problemas;

3. Conhecimento em administração de empresas;

4. Humildade para reconhecer os próprios erros;

5. Determinação para aprender coisas novas.

O empresário é um profissional que gerencia sua própria empresa. Um bom exemplo de empresário é o já falecido Antônio Ermírio de Moraes, que dirigiu o Grupo Votorantim. Ele herdou o negócio do pai e o dirigiu com maestria ao longo da vida. A empresa iniciou suas operações em 1955 produzindo apenas 4 mil toneladas e completou seu cinquentenário com 400 mil toneladas de alumínio (um de seus produtos).

Para que fique bem claro e fácil de entender, basta dizer, que a diferença entre um e outro pode ser fatal para um negócio, já que o empreendedor pode ter dificuldades na gestão do dia a dia por causa de sua capacidade inventiva, sua maneira avoada. Enquanto o empreendedor precisa ser apaixonante quando comunica sua visão acerca do futuro e demonstrar um nível de ousadia bem acima da média, o empresário geralmente convence as pessoas com base em argumentos concretos e toma decisões em conformidade com aquilo que analisou. Essa falta de agilidade pode levar o empresário a enfrentar problemas para inovar e acabar perdendo oportunidades.

Da mesma forma é muito difícil ser bom nesses dois papéis, pois eles exigem competências bem diferentes, por isso bem poucos são, ao mesmo tempo, empresários e empreendedores competentes.

O IDEAL É QUE UMA EMPRESA TENHA AS DUAS PERSONALIDADES. O empreendedor para gerenciar a área de desenvolvimento de produtos e o empresário para o setor administrativo-financeiro. Essa soma de competências pode ajudar a consolidar o negócio com uma gestão eficiente e um espírito inovador. Juntos, empreendedor e empresário agregam maior potencial de crescimento ao negócio e a inovação passa a ser parte do dia a dia da empresa ao invés de um processo quase burocrático, enquanto a gestão deixa de sofrer solavancos e sobressaltos.

PARA ENCERRAR O ASSUNTO, A DIFERENÇA MAIS CLARA É ASSIM: VOCÊ PODE APRENDER A SER EMPRESÁRIO, MAS SER EMPREENDEDOR É UMA CARACTERÍSTICA INATA, UM TRAÇO DE PERSONALIDADE.

Tenha um Estilo

Há muitos empreendedores no mundo da beleza, mas de maneira geral, somos empresários. E nesse ponto talvez você se pergunte: **como sou empresário, se trabalho dentro de uma empresa?** E esse é o ponto fundamental que você precisa entender para começar a dar uma guinada em sua vida.

Há muitos empreendedores no mundo da beleza, mas de maneira geral, somos empresários.

E nesse ponto talvez você se pergunte: **como sou empresário, se trabalho dentro de uma empresa**? E esse é o ponto fundamental que você precisa entender para começar a dar uma guinada em sua vida.

Como disse anteriormente, na nossa área dificilmente você encontrará um emprego formal. É padrão do mercado que os profissionais trabalhem como autônomos, prestando serviços dentro de uma empresa. Isso quer dizer que você também é uma empresa. E como um empresário individual, e não um funcionário contratado, você precisa ter consciência de que está num mercado em que há inúmeros profissionais muito bem qualificados e, portanto, a concorrência é acirrada.

Para que você conquiste seu espaço na área da beleza, é fundamental que você tenha um estilo diferente...

Construa uma imagem para conquistar um espaço só seu.

Vou explicar: isso funciona como uma marca registrada, algo que só você faz. A maioria dos profissionais nessa área frequentam escolas de beleza e todos saem com o mesmo conhecimento, cursam a mesma grade de matérias, com os mesmos profissionais, todos no mesmo nível,

o que fará você se destacar é a...

impressão.

A impressão é aquilo que o seu cliente reconhece em você como único. Crie algo que só você faz, ou que pelo menos seu cliente acredite que é só seu, porém seja um profissional flexível e diversifique suas aptidões profissionais, dessa forma você aumenta suas possibilidades. Procure se especializar no máximo de serviços possíveis. Desenvolva uma técnica exclusiva para executar determinado serviço, seja cabelo, maquiagem, unha... treine isso incansavelmente. Lembre-se que tudo que você desenvolve é seu, terá sua marca e lhe fará um profissional diferenciado.

Grave estas dicas:

1. Seja perseverante e resiliente.
2. Acredite em seu potencial.
3. Estude e atualize-se.
4. Diferencie-se da maioria: seja único.
5. Desenvolva uma técnica só sua e mantenha o foco.
6. Domine a área que você atua.
7. Tenha um estilo.

TUDO NA VIDA
tem um tempo

[*Talvez neste momento você não saiba aonde quer chegar, mas você precisa estar ciente de que não dá para ficar parado,* **você precisa sair deste lugar**. *Eu também não sabia exatamente aonde queria chegar, mas descobri assim que fui andando, conhecendo e decidindo qual caminho queria trilhar.*]

Se você concorda com a afirmação acima, então, temos que entender isso para que possamos saber aceitar o tempo de espera até que as coisas comecem a acontecer. Temos que saber passar por cada fase, e entender que não vamos conseguir pular nenhuma. Você terá que enfrentá-las uma a uma.

O ESCRITOR PAULO COELHO ESCREVEU UM POEMA MUITO BONITO QUE PODE NOS AJUDAR NESSA CAMINHADA DE ENTENDER QUAL É O NOSSO TEMPO.

Tempo Certo

De uma coisa podemos ter certeza:
de nada adianta querer apressar as coisas;
tudo vem ao seu tempo,
dentro do prazo que lhe foi previsto.
Mas a natureza humana não é muito paciente.
Temos pressa em tudo e aí acontecem
os atropelos do destino,
aquela situação que você mesmo provoca,
por pura ansiedade de não aguardar o tempo certo.
Mas alguém poderia dizer:
Qual é esse tempo certo?

Bom, basta observar os sinais.
Quando alguma coisa está para acontecer
ou chegar até sua vida,
pequenas manifestações do cotidiano
enviarão sinais indicando o caminho certo.
Pode ser a palavra de um amigo,
um texto lido, uma observação qualquer.

*Mas, com certeza, o sincronismo se encarregará
de colocar você no lugar certo,
na hora certa, no momento certo,
diante da situação ou da pessoa certa.*

*Basta você acreditar que nada acontece por acaso.
Talvez seja por isso que você esteja
agora lendo estas linhas.
Tente observar melhor o que está a sua volta.
Com certeza alguns desses sinais
já estão por perto e você nem os notou ainda.
Lembre-se, que o universo sempre
conspira a seu favor quando você possui um
objetivo claro e uma disponibilidade de crescimento.*

E é bem isso... Tudo tem seu tempo e de nada adianta querer apressar as coisas. Hoje em dia temos pressa em tudo, né? E é aí que acontecem os atropelos do destino, aquela situação que você mesmo provoca por pura ansiedade de não aguardar o tempo certo.

Mas isso também não quer dizer que você tem que sentar e esperar, sem que você tenha que fazer nada. Você tem suas responsabilidades e precisa se empenhar, correr atrás dos seus sonhos e, nesse período, enquanto as coisas ainda não aconteceram e você ainda não chegou aonde quer, nem pense em se acomodar e deixar o desânimo tomar conta.

Quer um conselho?

Não escute os pessimistas.

O livro *Alice no país das maravilhas*, do famoso escritor Lewis Carroll, tem um trecho que diz assim:

Alice estava começando a ficar muito cansada de estar sentada ao lado de sua irmã, e não ter nada para fazer: uma vez ou duas ela dava uma olhadinha no livro que a irmã lia, mas não havia figuras ou diálogos nele e "para que serve um livro", pensou Alice, "sem figuras nem diálogos?".

Então, ela pensava consigo mesma (tão bem quanto era possível naquele dia quente que a deixava sonolenta e estúpida) se o prazer de fazer um colar de margaridas era mais forte do que o esforço de ter de levantar e colher as margaridas, quando subitamente um Coelho Branco com olhos cor-de-rosa passou correndo perto dela.

Não havia nada de muito especial nisso, também Alice não achou muito fora do normal ouvir o Coelho dizer para si mesmo "Oh puxa! Oh puxa! Eu devo estar muito atrasado!" (quando ela pensou nisso depois, ocorreu-lhe que deveria ter achado estranho, mas na hora tudo parecia muito natural); mas, quando o Coelho tirou um relógio do bolso do colete, e olhou para ele, apressando-se a seguir, Alice pôs-se em pé e lhe passou a ideia pela mente como um relâmpago, que ela nunca vira antes um coelho com um bolso no colete e menos ainda com um relógio para tirar dele. Ardendo de curiosidade, ela correu pelo campo atrás dele, a tempo de vê-lo saltar para dentro de uma grande toca de coelho embaixo da cerca.

Pois bem. O que estou lhe propondo com esse livro *sem figuras* (como disse a Alice) é que você deixe essa sonolência, tenha a curiosidade da Alice e saia correndo atrás do seu coelho branco.

Na toca dele você já entrou quando fez seu cursinho, ou começou de alguma maneira sua carreira no setor de beleza. Agora você precisa descobrir esse mundo que se descortina, ver a sua dimensão, qual o espaço que você pode ocupar nele e de que forma isso pode ser feito.

Mas aí você pode perguntar:
Mas Agustin, qual é esse tempo certo??? Quanto tempo demora?

O tempo varia e depende de cada um. O que eu sei é que esse tempo só chega para aqueles que não desistem. Saiba que muitos ficam pelo caminho e se acomodam, nem pense nisso ou então você será só mais um na multidão.

CADA PESSOA TEM O SEU TEMPO. BASTA OBSERVAR OS SINAIS...

Quando alguma coisa está para acontecer ou para chegar até a sua vida, pequenas manifestações do cotidiano enviarão sinais indicando o caminho certo. Pode ser a palavra de um amigo, um cartaz que você vê na rua dando aquele estalo, um texto bacana que você lê na internet.

Aliás, essa coisa de ler na internet é doida, né? As pessoas às vezes falam: ah, não gosto de ler, não gosto de estudar, não tenho paciência (graças a Deus não é o seu caso, né? Já que está lendo meu livro), mas a internet mudou isso. Estudos mostram...

Gosto muito dessa coisa de estudo, de pesquisa, etc., porque eles nos dão uma ideia geral de como está nosso mundo. E é importante a gente saber e estar atualizado, até para se posicionar como profissional, ou mesmo para poder bater aquele papo com uma cliente, enquanto arrancamos uns bifes (credo, não! Presta atenção no serviço, porque lá na frente eu vou falar sobre a importância da qualidade no atendimento).

Pois bem. Quando surgiu a internet se falava muito: "Ah... é o fim da palavra escrita, é o fim dos livros etc." Mas hoje estudos mostram que as pessoas estão lendo muito mais do que liam antes da internet.

Mas voltando ao assunto anterior, na vida tudo tem seu tempo e nada acontece por acaso!!!

A Bíblia – eu não sei qual é sua religião, mas a palavra de Deus é a mesma em qualquer que ela seja – diz assim:

Tudo tem o seu tempo determinado, e há tempo para todo propósito debaixo do céu.

Há tempo de nascer, e tempo de morrer; tempo de plantar, e tempo de arrancar o que se plantou;

Tempo de matar, e tempo de curar; tempo de derrubar, e tempo de edificar;

Tempo de chorar, e tempo de rir; tempo de prantear, e tempo de dançar;

Tempo de espalhar pedras, e tempo de ajuntar pedras; tempo de abraçar, e tempo de afastar-se de abraçar;

Tempo de buscar, e tempo de perder; tempo de guardar, e tempo de lançar fora;

Tempo de rasgar, e tempo de coser; tempo de estar calado, e tempo de falar;

Tempo de amar, e tempo de odiar; tempo de guerra, e tempo de paz...

E segue... É muito bonito isso e, mesmo que você nem vá à igreja ou tenha uma religião, vale a pena ler...

Esse texto está em Eclesiastes 3:1-8, se você quiser ler mais. (Olha aí a leitura. Ler a Bíblia também vale colocar na listinha).

Como saber a hora?

E como vamos saber quando é hora de mudar, de dar uma guinada na vida? Hora de mudar de cabelo, de jogar aquelas roupas fora e comprar novas; de dar um *up*!?

Tem uma música antiga muito boa – e eu gosto muito dessa coisa de música, é tudo na vida da gente, dá um ritmo, ajuda a clarear as ideias, a guardar melhor as coisas. Não sei para você, mas para mim, música é tudo! – do Geraldo Vandré que diz assim:

Vem, vamos embora, que esperar não é saber
Quem sabe faz a hora, não espera acontecer...

E é isso.

A vida é feita de fases e, por mais que seja dolorido a gente mudar, sair da zona de conforto, deixar o colinho da mamãe, tem uma hora que não tem jeito. Ou você vira passarinho e se joga do ninho pra ver o que vai dar, para aprender a bater asas, ou você se anula, se torna uma pessoa frustrada, um ser pequeno, medroso, incapaz de assumir seu destino e se tornar alguém grandioso, maravilhoso, que eu sei que você é.

Todos temos essa luz.

Grave estas dicas:

1. Saiba esperar seu tempo.
2. Trabalhe enquanto espera.
3. Tenha fé e faça sua parte.
4. Não se acomode.
5. Fique atento aos sinais.
6. Informe-se: LEIA!

PREPARE-SE VÃO DUVIDAR DE VOCÊ

[Sabe aquela ideia que te persegue? Que não sai da sua mente? Que te deixa ansioso, inquieto, com vontade de fazer e acontecer? Trabalhe em cima dessa ideia, desse sonho.]

Agora imagine que você é uma pessoa realizada profissionalmente, imagine-se com uma carreira em ascensão que atingiu seus objetivos mais altos, que finalmente seus sonhos mais secretos se transformaram em vida, uma vida próspera e abundante. Imagine-se naquela casa que você sempre sonhou, com aquele carro que você sempre sonhou, visitando os lugares que você sempre sonhou, isso tudo será fruto do sucesso do seu trabalho e seus sonhos vão se tornar reais, tenho certeza disso.

Mas você tem que acreditar, mesmo que ninguém acredite, posso te afirmar que ninguém é melhor nem pior que ninguém. Não há diferença entre mim e você. Somos todos seres humanos, capazes, inteligentes...

AÍ VOCÊ FALA:

— Ah, mas para o Agustin é fácil dizer isso... Ele é famoso, o Agustin conhece o artista tal, vive entre as estrelas etc. Como vou me comparar a ele? Tá louco?!

Digo-lhe que o Agustin que está escrevendo aqui, famoso, que vive entre as estrelas como você pensou aí, não tem nada de diferente do Agustin que em 2011 desembarcou na rodoviária de Florianópolis, com setecentos reais na carteira, uma mão na frente e outra atrás, num país estranho, sem conhecer ninguém...

Eu sou a mesma pessoa. O que me faz diferente daquele Agustin não é o fato de que agora as pessoas me conhecem, me veem nos vídeos que eu posto, das feiras que participo ou o fato de conhecer pessoas famosas.

VOCÊ SÓ ATINGIRÁ SEUS OBJETIVOS quando deixar de dar ouvidos a quem tenta desanimá-lo. E talvez você vá se surpreender quando descobrir que essa pessoa pode ser você mesmo, seus pensamentos podem te limitar. Tome cuidado.

CONFIE EM VOCÊ, MESMO QUANDO TODOS DUVIDAREM, e não deixe que os outros o façam desistir dos seus sonhos.

NÃO DEIXE PENSAMENTOS NEGATIVOS e desmotivadores tomarem conta de você e roubar seus sonhos.

As pessoas famosas que eu conheço também são pessoas como eu e você. A única diferença, se é que exista, é que elas não ficaram apenas no sonho. Elas tinham sonhos que se transformaram em metas de vida e, essa metas viraram realizações.

EU QUERO QUE VOCÊ SEJA TAMBÉM UM REALIZADOR DE SONHOS. Sonhe, planeje, procure oportunidades e execute.

QUER ALGUMAS DICAS? PRIMEIRO, NÃO ACHE QUE SÓ VOCÊ TEM PROBLEMAS.

É a **síndrome de Hardy**. Já viu aquele desenho animado antigo, em que o bichinho andava o tempo todo se lamentando: "Oh vida, oh céus, oh azar... Isso não vai dar certo!"

Hardy (a tradução do nome é "algo forte e resistente") é uma hiena que faz dupla com Lippy, o leão da montanha. A dupla de personagens, criada pelos estúdios Hanna-Barbera no começo da década de 1960, viaja pelo mundo em busca de uma vida fácil, sucesso e fortuna. Lippy é um otimista nato. Acredita que tudo dará certo, que o vento sempre sopra a seu favor e que a sorte sorri para ele todas as manhãs.

Já Hardy é um pessimista, que não só espera o fracasso, mas também os problemas e as tragédias, porque, segundo ele, se alguma coisa tem chance de dar errado, então será assim.

Às vezes você olha para os famosos ou mesmo para as pessoas ao seu redor e acha que todo mundo prospera, tem uma boa vida, não sofrem com a crise etc., e só você tem problemas.

Eu tinha um amigo que dizia:

"Quem vê as pingas que tomo, não sabe os tombos que eu levo."

E é assim. A gente vê uma foto da vida de uma pessoa (principalmente das pessoas famosas) e acha que a vida toda dela se resume àquela cena.

Não! Tenha certeza de que a vida não funciona assim. Cada um tem seus problemas e sabe pelo que está passando. Então, pare agora mesmo de olhar a vida do outro, olhe para sua que já tem tanta coisa para observar e resolver.

Eu não sei como mudar o passado, mas fiz da dor meu maior motivo para acordar todos os dias disposto a mudar meu presente, construindo meu futuro, você pode fazer isso também.

Outra dica: corra atrás de seus sonhos e não dos seus desejos.

Às vezes você se guia por uma coisa que acha que é um sonho, mas que na verdade é só um desejo, um anseio, uma necessidade. Ou pior: às vezes nem é seu.

Tem gente que foca em ganhar dinheiro, por exemplo, e sai fazendo tudo quanto é coisa que possa dar dinheiro.

Pergunte-se: é de dinheiro que você precisa para ser feliz?

Claro, todos nós precisamos de dinheiro, afinal sem ele a gente passa fome e vai morar embaixo da ponte porque o mundo em que vivemos é cruel.

Mas é só isso? Não. Óbvio que não.

Entenda que desejo é uma vontade temporária de fazer algo, que não resiste às adversidades durante a sua execução e não gera motivação diária. Aliás, ele se acaba no momento em que você consegue satisfazê-lo e deixa um vazio. Já o sonho é a vontade que você lembra sempre, que o motiva a acordar todos os dias para lutar por ele. Sonho suporta as dificuldades.

> **DESEJO É IGUAL AQUELE IMPULSO DIANTE DE UMA VITRINE. VOCÊ ENTRA, COMPRA E ACABOU. O SONHO É DESAFIADOR E FAZ VOCÊ TER PRAZER NO QUE FAZ.**

Sabendo disso, é hora de você começar a realizar seus sonhos e não seus desejos temporários. Lembre-se que nada cai do céu, além de raio, chuva e às vezes meteoros e aviões. Os fracassos devem ser encarados como aprendizado e experiência dentro do seu negócio. "Ninguém é digno do sucesso se não usar seus fracassos para alcançá-lo", nos ensina o escritor Augusto Cury.

Além disso, reclame menos e faça mais. As pessoas geralmente têm o costume de reclamar de tudo. Principalmente pessoas pequenas, que baseiam sua vida em comparar-se ao outro, sem fazer nada para ter sucesso, **luz própria**.

Uma pessoa que reclama muito acaba contagiando outras pessoas a terem o mesmo comportamento e aí vira aquela murmuração sem propósito. Você entra no salão e tudo o que ouve é gente se queixando, até do que nem aconteceu. A pessoa pensa em algo e já fica se lamentando, dizendo que não dará certo etc., e você entra numa de Hardy: "Oh dor... oh vida! Isso não vai dar certo!"

Pare de reclamar e contar suas frustações para os outros e comece a trazer soluções para as adversidades. Seus clientes querem saber de coisas boas, de novidades do mercado, de bons produtos, daquilo que os deixem bonitos e não ouvir suas lamentações.

Seja feliz do jeito que você é nesta longa caminhada que é a vida!

Grave estas dicas:

1. Não dê ouvidos às pessoas que duvidam de você.
2. Não seja pessimista.
3. Não se espelhe negativamente no sucesso do outro.
4. Trabalhe duro para provar seu valor.
5. Saiba diferenciar desejo de sonho.
6. Jamais desista!

Conhecimento

["Quanto mais conhecimento **adquirimos,** mais nos conscientizamos do quão ignorantes podemos ser".]

Eu queria que você entendesse que o que nos faz diferentes não é a fama e nem o dinheiro ou os bens materiais. O que nos faz diferentes é o conhecimento que temos. A nossa história de vida, os sentimentos, as experiências e, principalmente, o uso que fazemos de toda essa bagagem para nos alavancarmos como profissionais. Dar aquele *up*, aquele salto que eu sei que você está buscando.

Vou lhe dar agora uma lista de dicas para ajudar você a descobrir quando é hora de mudar, de sair da sua zona de conforto... De abandonar o ninho e sair batendo as asas. Não tenha medo...

O medo te impede de crescer

Coloque para tocar aquela música que você mais gosta... bem baixinho, apenas para fazer um fundo, mas que não atrapalhe seus pensamentos... e comece a pensar...

Lembre-se de quando você era criança, das coisas que gostava, de como era a vida e de como isso foi mudando.

Lembre-se, passo a passo, de tudo que aconteceu com você. Como você saiu de cada fase e como entrou na outra.

1 – Reveja sua vida.

O que mudou ao longo dela?

O que o fez mudar em cada fase?

O que o motivou?

Você foi sendo levado pelo destino?

Aconteceu alguma coisa?

Como você chegou até aqui?

2 – Converse...

Depois de rever tudo o que lhe aconteceu, de se lembrar de sua história, converse com quem lhe conhece...

Procure alguém próximo a você.

Alguém da família, um amigo de confiança...

Peça que ele fale sobre você. Qual é a opinião dele sobre você como pessoa, como profissional, como ser humano. Mas por favor, nada de jogar purpurina, hein?! Tem que ser honesto e sincero, por mais que isso seja duro.

3 – O que o incomoda?

Se nada o incomoda, é problema. Você está em sua zona de conforto e, se continuar assim, nunca sairá da casca.

Se tudo o incomoda, também é problema. Você pode estar no caminho errado.

Por isso é importante avaliar corretamente o que o motiva e o que o desmotiva.

Uma pessoa insatisfeita se torna um profissional ruim. E isso leva a uma queda de produtividade devido à desmotivação. Aquela função que você amava já não lhe parece mais prazerosa como antes e isso gera abalos psicológicos como irritação, desatenção e, muitas vezes, até sintomas físicos como a fadiga.

Os psicólogos dizem que a gente "somatiza" a insatisfação.

Somatizar é sentir sintomas físicos que a medicina não explica a origem. A pessoa sente uma porção de coisas, vai ao médico, ele examina, examina e não descobre nada...

Por exemplo: uma pessoa está andando pela calçada quando começa a sentir falta de ar, ela tenta continuar sua caminhada, mas o coração dispara, sente uma forte urgência em ir ao banheiro e sua cabeça não consegue ter pensamentos claros sobre o que está acontecendo, ela só sabe que quer sair correndo dali e procurar um pronto-socorro, pois está com uma forte taquicardia, mas os médicos não encontram nada que possa explicar tudo isso e muitas vezes não identificam a falta de ar, pois percebem a pessoa respirando normalmente apesar de a pessoa declarar que não consegue respirar.

Essa pessoa está somatizando algum problema.

Você já sentiu isso?

Se sentiu, preste atenção no que está por trás desses sintomas

Pare e analise o que está errado na sua vida.

O que você não gosta ou o incomoda.

4 – Buscando a saída.

A partir do momento em que você se lembra de quem é, como mudou, o que as pessoas pensam sobre você e o que o incomoda em sua vida, está na hora de começar a dar os primeiros passinhos em direção à saída.

Se o problema está no relacionamento que tem com alguém e você vê que está lhe fazendo mal, é hora de sair, de mudar. Não tenha medo. Fale abertamente à pessoa e pule fora do ninho.

Se o problema está no trabalho, que já não lhe dá mais satisfação, ou tem um colega que o incomoda de alguma forma, ou o ambiente do salão não está legal, é hora de procurar aonde de fato você encontra prazer profissional.

Vá atrás de espaço em outro salão, faça cursos, vá a palestras, feiras, faça testes vocacionais e conversas com pessoas de áreas diferentes, enfim, busque olhar as opções ao seu redor.

Para que a transformação seja bem-sucedida, seja noutra profissão ou na sua mesmo, informe-se bem sobre o novo rumo que gostaria de dar à carreira, sobre as dificuldades, os benefícios e a rotina do que fará.

Se você vai mudar de rumo, procure conhecer outros profissionais que já atuam nesse novo setor ainda desconhecido para você. Converse com eles.

> A vida é um corredor cheio de portas.
>
> A cada passo você abre uma porta e entra.
>
> Ela se fecha atrás de você e não se abre mais.
>
> Se for bom, ótimo, mas se o caminho que se abriu for ruim, a única saída é abrir outra porta.

Por isso é importante pesquisar o máximo possível, para tentar ter uma ideia aproximada (nunca será exata) do que tem do outro lado da porta que você abrirá.

O que enfrentará nessa nova fase.

Tem uma piada (não sou muito bom em contar piada, mas enfim...) que é assim: sujeito chega ao inferno, o diabo o recebe e explica:

— Aqui é assim... Tem um monte de salas e cada sala tem uma situação de vida para você escolher. Você abre a porta e cai dentro e não tem como sair mais... Viverá a eternidade lá. Se escolher bem, fica bem... Se escolher mal, azar o seu.

O cara pensa um instante e pergunta:

— Mas como vou saber qual porta escolher?

O diabo responde:

— Você pode escutar... Pelo barulho que ouvir do outro lado, você escolhe. Não tem outro caminho.

Aí o cara vai pelo corredor. Põe a orelha numa porta... Nada! Na outra, ouve uns gemidos. Parece alguém fazendo sexo.

— Opa, aqui parece bom — pensa ele, mas aí fica na dúvida. Pode ser uma armadilha. E vai indo, vai indo, cada porta um barulho diferente. Até que ele chega numa que tem uma gritaria:

— Lá vem ela, lá vem ela! Eeee! Pula... Pula! Mergulhaaa...

Ele pensa, opa... Aqui tem festa. "Ela" deve ser uma mulher muito gostosa. Eles estão numa piscina... Vou entrar aqui que eu vou me dar bem...

Aí ele abre a porta e se joga. Cai num tacho de merda fervendo, que tem uma navalha enorme que passa cortando cabeças.

Os condenados só têm tempo de tirar a cabeça para fora um segundo, respirar e gritar:

— Lá vem ela, mergulha, mergulha...

Não sei se a piada é engraçada. Mas sei que a vida é mais ou menos assim...

5 – Um novo caminho.

Você conversou, escutou, pesquisou. Descobriu o que o incomoda e decidiu que é hora de mudar, mas antes de abrir essa porta pesquise bem sobre o mercado em que pretende atuar. Se o problema é a função, é a empresa, ou se não é você.

Avalie se você realmente é apaixonado por sua profissão.

Se sim, talvez você possa mudar sem sair do ramo. Para isso, você precisa conhecer mais sobre nossa profissão e o que se chama de ramo de atividade.

O mais importante:

Seja feliz, fazendo o que fizer; estando aonde estiver.

Grave estas dicas:

1 – Reveja sua vida.
2 – Converse.
3 – Descubra o que o incomoda.
4 – Busque uma saída.
5 – Encontre um novo caminho.

COACHING

> "Poucos conseguem chegar aos seus sonhos, a maioria desiste por falta de foco. É impossível chegar quando não se sabe para aonde está indo."

Você já deve ter ouvido falar em coaching. Vem de *coach*, uma palavra em inglês que significa treinar ou ensinar. Além disso, um coach ou coacher é um profissional que exerce o coaching, uma ferramenta de desenvolvimento pessoal e profissional.

O termo coaching apareceu pela primeira vez na era medieval, com a figura do cocheiro, o homem que conduzia a carruagem (cochese) para algum lado. Os cocheiros também eram especialistas em treinar os cavalos, para que estes puxassem os coches.

Hoje o coach é um profissional qualificado e que utiliza metodologias, técnicas e ferramentas do coaching para o benefício de uma empresa ou de um indivíduo, quer na sua área pessoal ou profissional. O coach trabalha com um coachee (aprendiz ou aluno) com o objetivo de desbloquear nele dons e habilidade já existentes.

Basicamente, a técnica de coaching foi desenvolvida a partir da programação neurolinguística (PNL) desenvolvida em meados da década de 1970, na universidade de Santa Cruz, na Califórnia, nos Estados Unidos, pelo psicólogo Richard Bandler e pelo linguista John Grinder. Os dois estudiosos se uniram para entender a razão de algumas pessoas alcançarem resultados acima da média, enquanto outras não.

Na pesquisa eles identificaram um conjunto de modelos e padrões que influenciam a mente, o corpo e o comportamento das pessoas e, a partir daí, eles criaram fórmulas de como reprogramar a sua mente (neuro) que determina como você percebe e entende o mundo e a linguagem (linguística), que é a maneira como nos comunicamos com os outros (verbal e não verbal) e conosco mesmo (em voz alta ou dentro de nossas mentes). Sabendo disso e identificando o que fazemos de positivo e negativo, podemos usar isso para nos reinventar.

É como se a nossa cabeça fosse um programa de computador (e de certa forma é mesmo) e a PNL um novo programa. Por meio dessa técnica você consegue reprogramar sua maneira de pensar, de ver o mundo e de agir, para atingir seus objetivos.

Algumas definições que facilitam o entendimento da PNL:

É a arte e a ciência da comunicação.

É a chave para a aprendizagem.

É sobre o que faz você e as outras pessoas funcionarem.

É a ferramenta para obter os resultados que deseja em todas as áreas da sua vida.

É a ciência capaz de influenciar os outros com integridade.

Um manual para o seu cérebro.

O segredo das pessoas bem-sucedidas.

A maneira de criar o seu próprio futuro.

POR MEIO DESSE *"kit de ferramentas"* VOCÊ CONSEGUE UMA MUDANÇA PESSOAL E DA MANEIRA COMO *você percebe e encara* O MUNDO À SUA VOLTA.

O coaching, seja feito com a participação de um profissional (o que é ideal) ou por você mesmo, permite transformar o processo evolutivo em uma experiência engrandecedora em direção à plenitude.

Para conseguir isso precisamos entender e identificar os obstáculos que nos fazem desistir ou duvidar do nosso potencial e nossa capacidade; de alcançar nossas metas, sonhos e objetivos.

Às vezes a pessoa se empenha, tem força de vontade, é persistente, resiliente, tem pensamentos e atitudes positivas, mas não consegue avançar. Não consegue dar aquele passo a mais em direção ao sucesso.

Aí começa a se sentir frustrada, a vontade de desistir se sobressai a todas as outras e, devagarinho, sem que a pessoa perceba, começa a deixar seus sonhos em segundo plano.

O trabalho do coach é identificar esses mecanismos que podem lhe derrubar e ajudá-lo a dar aquele *up*, aquela sacudida que lhe dará a oportunidade de olhar para trás e ver o quanto você é vitorioso pelo simples fato de ter vencido o medo e ter tentado e lutado para ver os seus sonhos realizados até aqui. Afinal, você hoje é um profissional da beleza, está inserido num mercado milionário e com infinitas possibilidades de crescimento, bastando para isso apenas que VOCÊ acredite e se dê a chance de ser o que está destinado a ser.

Para conseguir essas mudanças na sua vida, que o levarão a uma verdadeira transformação (tenha você um coach ou não), o caminho é aplicar as técnicas de reprogramação neurolinguística, as técnicas de PNL. A capacidade de fazer isso é o que difere as pessoas bem-sucedidas das demais. A maneira como você pensa, fala e age é que cria o seu mundo interior (pensar) e exterior (falar e agir).

Segundo os pesquisadores que desenvolveram a PNL, você deve alinhar os seus pensamentos, palavras e ações e aplicar os cinco princípios básicos a seguir:

1. Conhecer seu objetivo – Qual é o seu resultado final desejado? Concentre-se no que você quer.

2. Agir – Qual é o próximo menor passo possível que o conduz na direção de seu objetivo?

3. Ter consciência sensorial – Isto é, usar todos os seus sentidos para perceber os sinais que confirmam que você está no caminho certo ou para avisá-lo de que você se desviou do caminho.

4. Tenha flexibilidade comportamental – Continue tentando novas abordagens até obter o resultado desejado.

5. Busque a excelência – Seja a pessoa que você deseja se tornar fazendo sempre o melhor.

Usando essas técnicas de PNL você descobrirá que é mais fácil atingir os seus objetivos pessoais e profissionais tendo acesso aos seus recursos internos. Isso lhe dará um maior controle e liberdade sobre o seu próprio estado mental, reações e interações com as outras pessoas. Você descobrirá que é muito mais fácil esclarecer os seus sonhos para o futuro e identificar as barreiras que podem o estar retendo.

Mudar os hábitos e comportamentos indesejados que estão no seu caminho o ajudam ainda a entender como os outros estão lhe influenciando, usando a neurolinguagem (mesmo inconscientemente), fazendo um trabalho de coaching ao contrário. Estas pessoas são exatamente aquelas que morrem de vontade de ousar, porém não têm coragem, justamente por medo. Sendo assim, como são frustradas, o que elas fazem e querem é que todos que estão ao seu redor também sejam.

Sabendo que deve ouvir e ignorar tudo o que este tipo de pessoa lhe disser, o que vale verdadeiramente a pena ouvir são as pessoas que torcem por você, que você ama e que estarão ao seu lado independentemente dos resultados que você obtenha nesta caminhada. O sorriso dessas pessoas, ao ver a sua realização, seja ela profissional ou pessoal, valerá muito a pena quando você olhar para trás e analisar tudo o que percorreu. Isso será motivo o bastante para motivá-lo a continuar sempre.

O COACHING SERVE PARA LHE MOSTRAR, POR MEIO DA NEUROLINGUAGEM, QUE TUDO NA VIDA FOI FEITO PARA DAR CERTO, ATÉ MESMO AQUILO QUE NÃO SAIU COMO VOCÊ GOSTARIA. TER ESTA MENTALIDADE AJUDA A SUPERAR OS OBSTÁCULOS, ENTENDENDO QUE CADA DESAFIO QUE SURGE É PARA ENSINAR ALGO, PARA CONTRIBUIR PARA O AMADURECIMENTO E PARA MOSTRAR NOVAS POSSIBILIDADES E CAMINHOS A SEREM SEGUIDOS, QUE SÃO, EXATAMENTE, AQUELES QUE O LEVARÃO ÀS CONQUISTAS DOS SEUS SONHOS E OBJETIVOS.

Desistir Jamais!

Quando você pensar em desistir, lembre-se de focar no positivo, de olhar mais a vida e o mundo à sua volta de uma maneira mais otimista. Assim você terá ainda mais forças para continuar batalhando pela sua vitória.

A vida é feita de desafios, surpresas, tristezas e alegrias. Às vezes nos deparamos com situações que nos afligem, nos fazem sentir medo e até mesmo chorar, mas saiba que a cada momento da vida, cada lágrima caída, cada sorriso faz parte da jornada. Não desista dos seus projetos e sonhos antes mesmo de eles serem idealizados por você e muito menos permita que outras pessoas o façam.

No mundo há 7,53 bilhões de pessoas exatamente como você, que têm sonhos, desejos, frustrações, anseios, medos, que ora são felizes e ora não (a felicidade não é um estado permanente). Talvez você imagine que na casa ao lado, no outro bairro, na outra cidade, no outro país, viva uma outra pessoa que seja diferente de você. Mas não. Como disse, nem mesmo os seus ídolos, as pessoas que fazem sucesso, são diferentes.

A DIFERENÇA ESTÁ EM COMO A PESSOA SE PROGRAMA.

E ISSO É PNL, ISSO É COACH.

Aprenda a programar sua mente para ser um vencedor.

Agora, então, Um Pouco de Coaching

[*"Meus sonhos são a minha motivação, a procura pela realização é meu combustível e saber que realizar meus sonhos estará beneficiando diretamente as pessoas que amo me faz forte e inabalável."*]

Para me ajudar nessa tarefa de lhe mostrar como deve administrar a sua vida, sua profissão, conduzir sua carreira, atender seus clientes com excelência e qualidade, realizar seus sonhos, crescer e ser feliz, trouxe alguns amigos que vão lhe dar dicas valiosas...

A coach **Raphaella Bezerra Braga** nos fala um pouco sobre motivação.

VOCÊ SABE A DIFERENÇA ENTRE MOTIVAÇÃO E AUTOMOTIVAÇÃO?

<u>Motivação é um recurso que vem, de repente, num livro como esse que você está lendo; num elogio, um prêmio, de um aumento salarial, de um novo desafio, na história que você acabou de ouvir; ou vem de um vídeo ou uma mensagem de alguém.</u> É algo externo que exerce uma influência interna em você.

As pessoas vivem dizendo:

— Preciso de motivação para ir ao trabalho.

— Preciso de motivação para ir à academia.

— Preciso de motivação para estudar.

Ou seja, vem de uma frase, de coisas positivas, que vão nos impulsionar a buscar aquele resultado.

Certo, mas aí você se pergunta, então qual o problema da motivação, ela é ótima, nos faz querer melhorar, correr atrás dos nossos objetivos.

Sim, isso é verdade, porém o maior problema da motivação é que ela dura pouco tempo.

É um recurso extremamente limitado que passa muito rapidamente.

A diferença das pessoas de sucesso é que elas são automotivadas. Elas são motivadas e incendiadas pelo foco, pela clareza do que elas querem e o foco consistente naquilo que elas querem e merecem, né?

Histórias de sucesso se repetem e por elas se repetirem existem pontos em comum entre elas.

Vou ressaltar cinco pontos que você pode colocar em prática imediatamente, para que seja alguém que realiza mais.

1 – Tenha clareza

É ter uma clareza DO QUE REALMENTE VOCÊ QUER. O quão importante e poderoso é você ter nítido, como se fosse uma fotografia, aquilo que você quer. O seu desejo, seu sonho, seu objetivo.

Você tem uma visão clara, muito nítida, um alvo muito bem definido, é muito importante que você tenha um alvo para que, quando atingir esse alvo, quando seu sonho se realizar, você tenha a certeza de que conquistou e automaticamente se sentirá mais poderoso, mais capaz.

PARA QUEM NÃO SABE O QUE QUER QUALQUER COISA SERVE.

Um GPS não tem condições de chegar ao endereço se este não estiver bem descrito com o nome da rua, o número do lugar que você vai, enfim, o endereço completo.

Então o primeiro ponto é isso, ter um objetivo que seja transparente como água. Que você possa inclusive escrever isso, por exemplo, você diz: "eu quero me posicionar como um profissional da área de beleza". Ou, "eu quero ministrar cursos para mil pessoas". Você tem que ter esse alvo muito bem definido para saber o que é que tem que acontecer, de fato, para que esse desejo se realize.

2 – Mantenha o foco

Esse é o segundo passo. Além de você ter um alvo muito bem definido, você tem que manter um foco independentemente do que aconteça ao seu redor. Por exemplo, o excesso de oportunidades pode tirar o seu foco. E foco é uma concentração de energia num único ponto.

Uma vez esse foco disperso perderá força. Se você está focado em algo, tem que se manter assim até que aquilo se realize. Se você se dispersar e começar a abraçar todas as oportunidades que vierem, pode perder esse rumo. Então precisa ver bem se essas oportunidades vão levá-lo para o seu alvo ou se são só distrações.

3 – Faça checklist

É importante que você tenha uma lista de pelo menos dez ações práticas que você precisa fazer para conquistar aquele seu objetivo. E como você fará para atingir cada um desses dez pontos. E aí você se concentra nesse fazer e executará cada um deles. Dessa forma você coloca a roda para girar e uma vez que ele saia do zero e comece a girar, você ampliará a força para que ela gire mais depressa.

4 – Mova-se!

Identifique e se conecte a pessoas, busque oportunidades; faça tudo que é possível para atingir seus objetivos. O possível é tudo aquilo que você pode fazer um pouco mais; é se desafiar a sempre fazer um pouco mais para atingir seus objetivos.

De nada adianta ter seus objetivos claros, ter foco e tudo o que recomendei até aqui, se você não se mover. Se você não trabalhar para que tudo se transforme em realidade, isso nunca acontecerá.

Transforme esse movimento em oportunidade para dar velocidade à realização de seus objetivos tendo uma lista clara do que você precisa fazer para concretizar o seu sonho.

Então é importante ter essa lista de dez ações para realizar seu sonho, lembrando que deve dar um passo de cada vez, mas esse passo precisa ser dado por você, porque ninguém fará a sua parte.

Reveja esse checklist, todos os dias ou semanalmente, você é quem determinará seu ritmo, e à medida que ações vão sendo realizadas e essas metas forem sendo cumpridas, você substituirá de forma que tenha sempre dez itens nessa lista de ações que o mantenham no foco, até que aquilo se materialize na sua vida.

5 – Seja automotivado

Ser automotivado o ajuda para que você se policie e observe a si mesmo e perceba se, na maior parte do seu tempo, naquilo que você fará, você é positivo ou se é alguém negativo.

De repente você pode ser alguém que pensa negativo, alguém que pensa que as coisas vão dar errado e nem percebe.

Então, observar a si mesmo fará com que se mantenha positivo e alimente seu sonho com bons sentimentos...

O que você sentirá quando seu sonho se realizar? Quando você viver na casa dos seus sonhos, ter o relacionamento dos seus sonhos, a projeção profissional e financeira que você tanto almeja?

Você se sentirá alegre, feliz, pleno, realizado... Eu lhe garanto que por mais que você sonhe, visualize, quando estiver vivenciando será ainda mais poderoso. Então é importante trazer esses sentimentos bons, de já ter realizado o seu sonho para o seu dia a dia, para execução das suas atitudes, para execução das suas tarefas, do seu checklist e do que o move diariamente.

CANALIZANDO ESSA ENERGIA REALIZADORA.

Por isso é importante olhar para seu comportamento e ver se as suas atitudes o afastam ou o aproximam do seu sonho, né?

Experimente!

Experimente se observar e veja seu comportamento. O mundo é negativo, o mundo está recheado de notícias ruins; muitas vezes a gente vê nas redes sociais, na TV... As notícias ruins têm muito poder, elas viralizam mais rapidamente, elas são mais compartilhadas, então o mundo é negativo e você precisa de algum tipo de positividade.

Que tipo de pensamento, de mentalidade de sucesso, de prosperidade, de positividade fará com que você realize mais?

Não saia por aí
CONTANDO TUDO

Uma coisa que é muito importante é o sigilo. Guardar o seu sonho, seu objetivo para você e compartilhar apenas com as pessoas que celebrarão com você quando tiver seu sonho realizado.

Às vezes a gente pode se enganar com as pessoas. Uma pessoa da sua convivência, alguém com quem você compartilha as coisas, é essa força negativa do mundo que o desmotiva, que lhe diz que é difícil.

Será que uma opinião negativa o desanimará?

Será que isso tem acontecido e você tem adiado os seus sonhos porque compartilha com as pessoas erradas? Porque na verdade vemos o outro como nos vemos. E às vezes essas pessoas próximas não sonham como você; para essas pessoas com quem você está compartilhando, seus sonhos são difíceis de realizar...

E o que é difícil, realmente?

Difícil é aquilo que você ainda não fez.

E quando você tem um checklist de ações, quando tem clareza, tem foco, você minimiza e protege o seu sonho do mundo negativo, dos maus pensamentos.

Então, veja bem com quem celebrará.

Outro passo é observar quem é você em sua essência. O que você tem de melhor, quais qualidades, suas melhores características. Do que você gosta.

Talvez você goste de cozinhar, ou de jogar bola ou de nadar. Mas quais dessas características, dessas coisas que gosta de fazer, são fundamentais para você realizar seus sonhos? Imagine empregar toda a potência, toda a energia do que você mais gosta, na realização de seu sonho? Isso seria fantástico.

Então você identificará isso e colocará incandescência nisso. Vai botar fogo. Vai se automotivar...

Você precisa conhecer a sua essência de uma forma consciente e potencializá-la para que se realize muito mais.

Colocando isso em prática, você verá o poder que isso tem.

Isso é o que você pode e deve fazer já, para ser alguém que sonha e pode realizar muito mais.

Essa é a forma de passar para o lado das pessoas que realizam. Você deixará de ser uma pessoa que sonha, que cria, mas não realiza nada, e passará a ser alguém realizador. Alguém que transforma sonhos em realidade na sua vida.

Para se automotivar, recomendo que você adquira um novo hábito. O hábito de olhar para si mesmo com positividade, de uma forma leve, fazendo as pazes consigo, identificando as suas características e deixando que elas sejam fortalecidas em você todos os dias.

Além disso, você vai verbalizar, vai parar diante do espelho todas as manhãs e falar para si mesmo todas essas características que você já tem, focando nos seus objetivos.

Isso é muito poderoso.

É um exercício simples que fortalece a sua essência e o ajuda a se conectar consigo mesmo, fortalecendo o seu eu realizador.

Todo mundo tem um eu realizador dentro de si. Só precisamos fazer com que ele saia e tome conta, para que você possa ser alguém que conquista muito mais.

A minha dica final aqui é que você busque se espelhar em histórias de sucesso, como essa que você está lendo aqui no livro do Agustin Fernandes.

Todos esses passos reforçam que você é capaz de realizar seus sonhos.

E olhando para essas histórias de sucesso, olhando para alguém que já conseguiu, você pode muito mais.

<u>**VOCÊ TAMBÉM É CAPAZ**</u> e pode renovar essa capacidade dia após dia. Somos seres ilimitados, divinos e com a essência do poder de criação que não tem como medir.

Grave estas dicas:

1 - Tenha clareza.
2 - Mantenha o foco.
3 - Faça checklist.
4 - Mova-se!
5 - Seja automotivado.

Faça aqui o seu *Checklist*

Vou deixar aqui um espaço para que você comece a colocar em prática o que a Rafaela recomendou: fazer uma lista de ações que você tenha que cumprir para atingir seus objetivos. Lembre-se (se for o caso, volte lá e releia o que ela escreveu), essa lista é de objetivos de curto prazo, que você vai rever diária ou semanalmente. Não é fazer a lista e guardar, mas trazê-la sempre com você e fazer esse checklist.

O que é checklist? É aquela lista de coisas, aquele passo a passo que tem que ser cumprido para que uma tarefa seja executada.

É como uma receita de bolo, você tem lá a lista de ingredientes:

- 2 xícaras (chá) de açúcar
- 3 xícaras (chá) de farinha de trigo
- 4 colheres (sopa) de margarina
- 3 ovos
- 1 e 1/2 xícara (chá) de leite
- 1 colher (sopa) bem cheia de fermento em pó

Na sequência estão as instruções de como misturar tudo isso e quanto tempo de forno para que o bolo fique pronto.

É isso, faça a sua lista de ingredientes, faça o checklist (isto é, verifique se tudo o que você listou está sendo realizado) diário ou semanal, determine como vai misturar esses ingredientes e em quanto tempo o seu bolo, ou o seu objetivo, ficará pronto.

1 • _____
2 • _____
3 • _____
4 • _____
5 • _____
6 • _____
7 • _____
8 • _____
9 • _____
10 • _____

Você ama seu *trabalho?*

[Talvez você não ame seu trabalho, *mas se pelo menos traz bem-estar e qualidade de vida para você e/ou para sua família,* você já tem alguns motivos para amá-lo.]

Antes de seguirmos em frente, vamos dar uma paradinha para uma breve reflexão sobre nossa carreira.

VOCÊ JÁ DEVE TER OUVIDO A FRASE:
"Escolha um trabalho que você ame e você nunca terá que trabalhar um dia em sua vida", do filósofo chinês Confúcio.

Eu me questiono se isso é mesmo real. Tantas pessoas em busca do trabalho perfeito, "algo grande", do sentimento de realização e satisfação. E talvez não seja por aí...

O que eu vejo acontecer, quando as pessoas seguem essa ideia, é não ter prazer em nada que fazem, então, mudam de emprego como se trocassem de roupa. Não esperam tempo suficiente por alguma promoção, não aceitam isso ou aquilo de um chefe, de um colega de trabalho, qualquer coisa que incomodar minimamente já é um grande motivo para desistir.

EU ACHO ISSO EXTREMAMENTE EQUIVOCADO.

Às vezes, posso amar o que faço, mas haverá dias em que vou sofrer para acordar às 5h, por exemplo. Não vou conseguir passar no banco, vou perder a novela, vou chorar por só conseguir chegar às 23h em casa e perder de me interar com minha família... Haverá dias em que meu desempenho no trabalho não vai atender às expectativas, por mais que eu tenha tentado... Serei chamada a atenção. Discordarei da minha equipe. Terei vontade de jogar tudo para o alto.

Ter prazer no trabalho não significa ser feliz o tempo todo, pois para fazer o que gostamos também temos que fazer coisas que não gostamos.

Além disso, você pode não achar muito legal ou interessante o que faz, mas se seu trabalho está te proporcionando qualidade de vida, bem-estar da sua família, está te ajudando a realizar seus sonhos, como fazer um curso, comprar um carro, prover coisas boas para você e para sua família, então *já é um grande motivo para você gostar do que faz e ser grato por aquilo que pode fazer.*

Se tem uma coisa que eu insisto em dizer é: você não precisa amar de paixão o que faz, mas precisa ser melhor naquilo mesmo assim. Se você tiver a sorte de unir as duas coisas, é privilegiado, claro, mas isso é raro de acontecer. Então seja o melhor naquilo que você não gosta muito, para poder ter condições de seguir seus sonhos e passar a fazer o que gosta. Tenha ambição, mas, sobretudo, seja grato.

Você é empresário e empresa

VOCÊ É UM EMPRESÁRIO

Sim! Você é um empresário, prestando um serviço especializado, dentro de outra empresa.

E se você é um empresário, deve começar a pensar e agir profissionalmente.

Isso quer dizer que você também é uma empresa.

VOCÊ É A EMPRESA

E uma empresa concorrendo num mercado supercompetitivo, em que você precisa, além de ter um produto diferenciado, ter capital de giro, metas previamente estabelecidas, planejamento estratégico e marketing.

E quando falo em marketing, estou dizendo que você precisa atuar e ter uma presença nas redes sociais e na mídia em geral, da mesma maneira que uma empresa como o Magazine Luiza, o McDonald's, a Red Bull, enfim...

A boa notícia disso tudo é que depende unicamente de você produzir e faturar. E os seus ganhos serão diretamente proporcionais a esse seu esforço e à estruturação que você der à sua empresa.

E as perspectivas são ótimas.

> **O mercado de beleza no Brasil foi um dos poucos setores da economia a crescer, apesar das turbulências do ano de 2018.**

Em época de eleições presidenciais, os investimentos caem por medos dos riscos. As pessoas ficam com medo de gastar. Se a cliente fazia a unha duas vezes por semana, passa a fazer uma... Se fazia unha e cabelo, só faz cabelo... Você deve ter sentido isso no seu local de trabalho...

Apesar de toda essa turbulência o setor movimentou R$47,5 bilhões. Tem noção do que é isso? O prêmio da Mega Sena da virada, sorteado no final de 2018, foi recorde. O maior já pago no Brasil. Foram R$306 milhões.

O mercado da beleza movimentou, durante 2018, 155 vezes mais dinheiro que esse prêmio da Mega.

E a previsão para 2019 é um crescimento ainda maior.

> **Principalmente a beleza masculina, setor que praticamente dobrou nos últimos cinco anos fazendo o faturamento de produtos voltados para eles crescer 30%.**

Agora, olhe esse quadro:

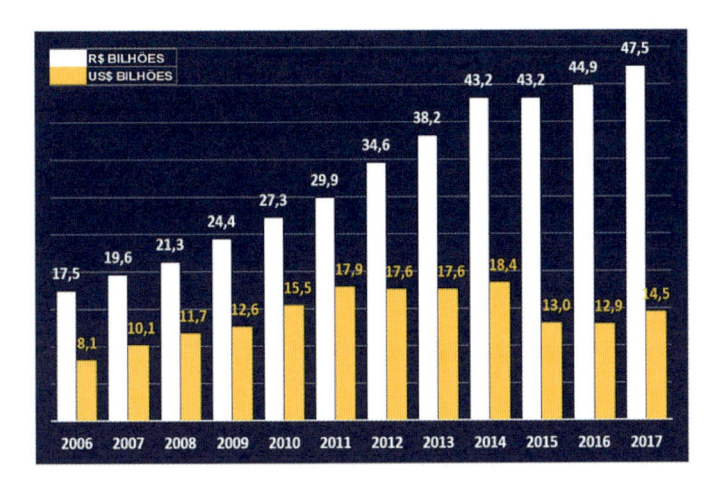

Ano	R$ Bilhões	US$ Bilhões
2006	17,5	8,1
2007	19,6	10,1
2008	21,3	11,7
2009	24,4	12,6
2010	27,3	15,5
2011	29,9	17,9
2012	34,6	17,6
2013	38,2	17,6
2014	43,2	18,4
2015	43,2	13,0
2016	44,9	12,9
2017	47,5	14,5

Sabe o que significa esse quadro? São números de quanto esse mercado em que você está inserido ou se inserindo faturou. Ele foi elaborado pela Abihpec e mostra o faturamento do setor em Reais (parte branca) e Dólares (amarelo). Mostra também que o Brasil é um dos maiores consumidores de beleza do mundo atrás somente dos Estados Unidos e Japão. Então, dinheiro correndo nesse setor, você tem. E muito.

Espaço para trabalhar também não falta. De acordo com o Sebrae, o número de salões de beleza e clínicas de estética teve um aumento de 567% entre 2010 e 2018 e o setor de cosméticos tem previsão de crescimento de 10,2% ao ano até 2029.

Aí você pode se perguntar: "Mas por que o Agustin está me falando tudo isso? Eu não entendo nada desses números, nem de economia".

Nem precisa. Mas estou lhe falando sobre isso para que você tenha uma noção do tamanho do buraco em que está metido.

E você é uma empresa nessa engrenagem gigantesca, na qual atuam milhares de outros profissionais/empresários como você.

Então, entender o que o cliente precisa vai além do que ele está dizendo.

É preciso conhecer a cliente que está sentada na sua cadeira

Você precisa entender quem é ela, se tem filhos, se é solteira, se trabalha, se é séria, conservadora, liberal etc. Porque a partir disso você tem as ferramentas necessárias para construir o visual correto que dará destaque a ela e também a você. Porque um trabalho bem-feito salta aos olhos. As pessoas observam, admiram e se perguntam: "Quem fez?" "Ah... Foi o fulano, foi a sicrana..." "Vou lá. Quero ficar bonito assim também." E assim você começa a construir um nome, uma carreira.

Você tem que ter um estilo? Sim, todos nós temos o estilo do que gostamos. Eu gosto assim, gosto assado, mas eu não posso carimbar a minha maquiagem em todas as clientes. Por isso eu preciso ter um conhecimento diversificado e conhecer aquela cliente que está na minha frente, para ver qual estilo se aplica a ela. Às vezes, uma cliente chega, senta e diz: "Eu quero uma maquiagem bem carregada." É preciso saber que, para ela, no mundo que ela vive, na rotina que ela tem, uma maquiagem "bem carregada" é uma maquiagem com o marrom escuro e um cílio pequeno nos olhos, mas para você, que é um maquiador ou uma maquiadora, uma maquiagem carregada é uma maquiagem preta com bastante base, com bastante contorno e com cílios gigantes.

Então, para ser um profissional diferenciado, um profissional universal, capaz de, ao mesmo tempo em que tem um estilo marcante e reconhecido pelas outras pessoas, ser capaz de variar, produzindo o visual correto que a sua cliente ou o seu cliente precisa (nem sempre o que ele deseja) é preciso ter essa noção. E como empresário, entender como funcionam os negócios do setor, quais as novas demandas, as exigências, as tendências, é fundamental.

Além de todo esse conhecimento (e conhecimento exige estudo!) e capacidade de organização, você precisa ter criatividade em tudo o que faz. Seja na forma de atendimento, seja na sua apresentação como pessoa (seu visual é importantíssimo, é a logomarca da sua empresa!) ou como profissional; seja na estruturação de sua empresa ou na hora de pensar alternativas que vão potencializar as experiências e sensações buscadas pela cliente que senta à sua frente.

Grave: seu visual é a logomarca da sua empresa!

E tudo isso que estou falando não distingue o local no qual você trabalha. A segmentação e a variedade do mercado da beleza no Brasil é incrível. Vai de salões com serviços de alta classe e preços elevados a espaços que priorizam a eficiência do serviço, como esmalterias e lojas de escovação dos fios, a até pequenos salões de bairros.

Às vezes o profissional trabalha na sala da casa dele. Tira lá os móveis, coloca uma cadeira, um lavatório, um carrinho com os produtos básicos, espelhos e está no mercado. E aí você está começando, acabou de sair daquele cursinho, está cheio de ideias, de empolgação e trabalhará com essa pessoa nesse pequeno salão – isso se não foi você quem tirou os móveis de sua mãe da sala e transformou a casa dela no seu primeiro espaço de trabalho, né?

Então...

Seja você quem for, tenha o perfil que tiver, trabalhe onde trabalhar – num salão gigante e sofisticado ou na sala da sua mãe, as dicas que estou dando aqui são as mesmas e se resumem naquelas duas palavras que citei lá no começo, pela Coco Chanel e pelo Steve Jobs:

SER DIFERENTE E PERSEVERANTE.

Perseverante, porque em tudo o que fazemos na vida há dificuldades e se você desiste a cada dificuldade, nunca sairá do lugar. Temos que estar preparados para os dias bons e os dias ruins, ter objetivos e trabalhar para alcançá-los, independentemente do que nos aconteça pelo caminho.

Você tem a opção de fazer do seu sofrimento o centro da sua vida e viver em função da sua angústia, ou fazer do seu sofrimento mais um motivo para não desistir.

Isso nos leva uma pergunta:

COMO POSSO ME DESTACAR NA MULTIDÃO?

Não tem curso que ensine isso.

Então, escuta o Agustin:

Todo profissional passa por períodos em que precisa se perguntar sobre diversas coisas.

Anote cinco perguntinhas sobre sua carreira que você deve responder a si mesmo:

1. Estou trabalhando no que gosto?

2. Trabalho por prazer ou apenas pelo dinheiro?

3. Tenho um plano de carreira definido?

4. Quais são meus defeitos profissionais?

5. Estou feliz com o que faço?

Se você faz algo de que não gosta, a possibilidade de esteja insatisfeito com seu trabalho é enorme. Se você está em um determinado salão há algum tempo e mesmo assim não aprendeu a gostar dele, esqueça.

É hora de mudar.

Provavelmente você já sabe disso e ainda não se movimentou por causa do receio de não encontrar outro local tão bom, onde tem amigos, a clientela já acostumada, os rendimentos são bons...

MAS PENSE:
"SUA FELICIDADE TEM PREÇO?"

Você se levanta todos os dias para trabalhar pensando em construir algo positivo que lhe dará satisfação ou apenas pelo dinheiro que receberá no final do mês?

A maioria dos profissionais trabalha apenas pelo dinheiro e isso os torna infelizes. Se puder, faça algo diferente já! Não perca tempo de sua vida em tarefas que não lhe dão prazer. Pense em como ser feliz em seu trabalho poderá mudar toda sua vida.

Você tem um plano de carreira definido?

Os japoneses são malucos.

Mas malucos num bom sentido. Num ótimo sentido, aliás. Eles criaram, por exemplo, a TPM.

Aí você para fala: O quê!!?? O Agustin é que tá maluco, né? Como assim os japoneses criaram a Tensão Pré-Menstrual? A

TPM é um conjunto de sensações que ocorrem no corpo da mulher uns dez dias antes da menstruação e afeta 80% delas, em alguns casos provocando problemas sérios, de dores, cólicas, instabilidade emocional etc.

E como assim os japoneses inventaram isso? Tá louco?!

Mas não é dessa TPM que estou falando. Refiro-me a uma ferramenta de gestão chamada Total Productive Management (TPM).

Eles criaram essa ferramenta na década de 1970 para dar mais eficiência ao departamento de produção das fábricas, que depois foi adaptada à administração e cuja filosofia e ensinamentos pode nos ajudar nessa busca de nos tornarmos um profissional melhor, mais completo e de sucesso.

Os japoneses e americanos inventaram dezenas dessas ferramentas de gestão e muitas você pode utilizar na sua vida, na sua empresa.

Não vou entrar nessa história nem me aprofundar nessas ferramentas para não aborrecê-lo. Senão, daqui a pouco você joga meu livro de lado e fala: "Nossa, esse Agustin é muito chato."

E eu não quero isso.

Quero lhe transmitir conhecimento e ferramentas para que você possa dar o seu melhor e obter sucesso na carreira e na vida, se é esse seu objetivo – e acho que é.

Só falei sobre o TPM porque é uma boa opção para identificar, priorizar e eliminar o que você está fazendo errado na sua carreira.

É uma metodologia que traz excelentes resultados às empresas e se reflete em crescimento certo para o negócio, por isso eu recomendo muito.

Essa ferramenta surgiu a partir da combinação da necessidade do cumprimento da produção programada com a automação dos equipamentos que fez com que as empresas tivessem que ter maior interesse por melhorar o processo de gerenciamento da manutenção dos equipamentos a fim de garantir a produção.

No livro *TPM in Process Industries*, o autor Tokutaro Suzuki, menciona que podemos dividir os benefícios conquistados com o TPM em duas categorias: os tangíveis (que podemos medir) e os intangíveis (que não podemos mensurar, mas podemos sentir o efeito).

Como benefícios tangíveis estão o aumento da produtividade e da eficiência; a redução dos defeitos com a consequente diminuição das reclamações de clientes; e redução dos custos de produção em até 30%.

Entre os benefícios intangíveis estão a autogestão, crescimento da autoconfiança e atitude, local de trabalho limpo, organizado e alegre. Nas empresas em que foi implantado, isso resultou numa imagem de uma companhia altamente organizada, o que tende a aumentar o número de pedidos.

ENTÃO VOCÊ SE PERGUNTA:

"Como vou aumentar produtividade e eficiência etc., se sou só eu trabalhando sozinho no meu canto?"

Se pensou isso, você já tem a resposta: a maneira como você se vê está errada.

Lembra que eu falei que você é uma empresa?

Então, pense como tal. O aumento da sua produtividade pode ser conseguido, por exemplo, com uma agenda organizada e que seja cumprida rigorosamente. A eficiência você consegue melhorar estudando e treinando. Não tem cliente? Aproveite o tempo livre e treine suas habilidades.

Você já é um profissional experiente e ainda não tem um plano de carreira? Aonde você quer chegar? Que posição você pretende ocupar? Para conseguir realizar um bom plano de carreira, você deve ter metas (vou falar sobre metas mais adiante) e traçar o caminho para conquistar cada uma delas. Uma autoanálise frequente a respeito deste tema lhe ajudará muito. E para isso... TPM.

Todo profissional tem o seu defeito. Alguns precisam melhorar a concentração, outros precisam ser mais pontuais. Não importa qual é o seu defeito, o que você está fazendo para eliminá-lo de sua personalidade profissional?

Trabalhe em atitudes que o ajudarão a ter uma carreira mais completa, sem que características pessoais o atrapalhem de alcançar seus objetivos.

Estou feliz com o que faço?

Se no fim do dia você não sentiu prazer em trabalhar, algo errado está acontecendo. Até quando você terá uma vida profissional infeliz?

O que você está fazendo para conseguir a felicidade profissional?

Ser feliz profissionalmente se resume em amar o que você faz, independentemente do dinheiro ou de reconhecimento.

Os profissionais que são felizes trabalham pelo prazer de fazerem a si mesmo felizes em cada desafio superado.

Grave estas dicas:

1 - Você é um empresário.

2 - Você é a empresa.

3 - Seja diferente e perseverante.

4 - Tenha um plano de carreira definido.

5 - Sua felicidade tem preço.

6 - Ame o que você faz, ou mude já.

Tenha metas bem definidas

["Sonhe, mas mantenha os pés no chão. A vida acontece na Terra e não no "Mundo da Lua". Sonhe, planeje, crie metas palpáveis para tornar seus sonhos possíveis.]

Quer saber o que é preciso ter para você ser o melhor?

boas ferramentas, conhecimento, dedicação, pensamento positivo e metas *(de curto, médio e longos prazos).*

A definição de metas é algo poderoso porque lhe fornece foco, molda seus os sonhos, dá a capacidade de aprimorar as ações que você precisa fazer para alcançar tudo o que deseja na vida.

Além de tudo o que já falei até aqui, se você quiser ter sucesso, precisa definir metas. Sem metas, você não tem foco nem direção. O estabelecimento de suas metas não apenas permite que você assuma o controle da direção da sua vida, mas também fornece uma referência para determinar se você está realmente obtendo êxito.

O que não lhe disse ainda é como definir suas metas. Não basta dizer "eu quero" e esperar que isso aconteça. Uma meta é um processo que começa com um planejamento cuidadoso do que você deseja alcançar e termina com muito trabalho duro para chegar a isso. A definição de meta é "uma ideia do futuro ou resultado desejado que uma pessoa ou um grupo de pessoas imagina, planeja e se compromete a alcançar".

As principais características que uma meta deve ter são: ser específica, sistemática, ter um prazo definido, ter evidências que te deem um retorno sobre como você está atuando (lembre-se do TPM dos japoneses), os recursos, tamanho e alternativas. Além disso, tendo metas você aumenta sua autoconfiança porque consegue ver onde está em relação ao futuro que almeja.

Para ajudar nessa tarefa, fui buscar no Sebrae 4 dicas de como definir as metas:

1. *A meta precisa ser mensurável: é necessário criar metas baseadas em números, por exemplo. E, depois, escolher uma forma de medir os resultados, através de anotações e planilhas para acompanhar o processo.*
2. *A meta precisa ser alcançável: tenha ciência da sua possibilidade. Bom senso e autoconhecimento são ideais.*
3. *A meta precisa ser relevante: uma meta relevante é aquela que faz você acordar mais cedo, dormir mais tarde. Precisa lhe estimular naturalmente.*
4. *A meta precisa ser temporal: tudo tem um tempo para acontecer. Estabeleça prazos para alcançar as metas, assim você saberá se conseguiu cumprir a meta dentro do tempo estipulado.*

Para ficar fácil de entender, identifique e determine seus objetivos de vida. Pense em como você pode tornar isso o mais específico possível e desmembre esse objetivo em tarefas menores. Tenha um número de metas. Não muitas. No máximo uma listinha de dez, como nos ensinou a Rafaela.

Feito isso, separe alguns minutos todas as manhãs e releia sua listinha. Imagine exatamente como alcançará cada um dos itens, quais os obstáculos poderá encontrar e como vai superá-los. Repita o processo todas as noites, avaliando como foi seu dia e em que conseguiu avançar em cada uma de suas metas.

Preste atenção nas pessoas bem-sucedidas. Leia bons livros, artigos etc. Hoje em dia você tem nas mãos um celular que é uma ferramenta poderosa, que pode trazer um mundo de informações que você acessa em qualquer lugar. Qualquer momento de folga lhe permite ler e se aprimorar. Faça isso, seja proativo e tenha metas. O que quer fazer daqui a cinco anos? Está certo sobre qual é o seu objetivo principal hoje? O que você quer alcançar até o final do mês? Sempre focado em ser o melhor, tanto na vida pessoal, quanto na profissional.

DEZ DICAS RÁPIDAS

Passe credibilidade e confiança.

Seja conveniente.

Seja um facilitador.

Busque a excelência.

Se organize.

Seja focado.

Pare de tentar fazer muitas coisas ao mesmo tempo.

Boca fechada não entra mosquito.

Preparação e pesquisa.

Seja humilde sempre.

Passe credibilidade e confiança para ter boa reputação. Hoje, em qualquer relação, credibilidade é tudo. Se você promete que seus serviços ou produtos atendem as expectativas de seus clientes, então cumpra a promessa, porque se você não inspirar confiança, sua reputação (e com ela sua carreira) vão para cucuia, como se diz popularmente.

Conveniência e agilidade. Ninguém tem tempo para nada nesse nosso mundo, então disponibilidade de acesso rápido e conveniência são fundamentais. As pessoas têm cada vez menos tempo, menos dinheiro e mais opções. É fundamental atender seu cliente no tempo que ele exige, dentro de suas necessidades e onde ele quer ser atendido. Sua agenda tem que ser organizada e cumprida rigorosamente, mas você tem que ser disponível e ter a capacidade de se adaptar rapidamente às situações.

Facilidades. A vida já é complicada o bastante, então torne tudo muito simples e fácil para seus clientes. Eles já possuem outros tipos de preocupações. Assim como: "Ah, o fulano é bom, mas a agenda dele vive cheia e nunca tem espaços"; ou "O fulano é bom, mas conversa demais, ou de menos." Aliás, vou falar sobre essa questão mais à frente porque é importante.

A excelência. Supere-se. Ser bom não é o suficiente, você precisa ser ótimo; ser ótimo não é o suficiente, você precisa ser excepcional. Motive-se e busque a superação sempre.

Organize-se e seja focado. WhatsApp, Facebook, e-mails, mensagens, ligações etc., são ótimas ferramentas e você deve usar todas para alavancar sua carreira, mas podem atrapalhar seriamente o seu rendimento durante o expediente. Desligue seu celular quando estiver trabalhando e guarde-o na bolsa para evitar que o atrapalhe. O controle de suas mensagens, da caixa de e-mails, do WhatsApp (evite grupos a menos que sejam de troca de informações essenciais para seu trabalho) deve ficar para depois.

O ideal é que você tenha dois números. O seu particular, que você só vai ligar fora do horário de expediente e para tratar de assuntos particulares, conversar com amigos e parentes. E o profissional, no qual você terá sua agenda, sua lista de clientes etc. Mas jamais atenda quando estiver fazendo seu trabalho, atendendo uma cliente, por exemplo. Isso é horrível e depõe contra sua imagem. Deixa lá na gavetinha da bancada. Terminou o atendimento, pegue o celular profissional e faça uma limpa. Apague mensagens desnecessárias e de propaganda, responda os e-mails, mensagens e WhatsApp urgentes e guarde em pastas tudo o que for importante e tenha relação com seu trabalho. Responda às ligações telefônicas; faça uma lista de todas as pessoas que precisa retornar ou contatar ao longo do dia, alinhando essas conversas com o resto de suas tarefas.

Pare de tentar fazer muitas coisas ao mesmo tempo. Ser eficiente é diferente de ser atabalhoado. Fazer muitas coisas ao mesmo tempo faz com que o resultado geral de seu trabalho seja medíocre. Um estudo realizado por pesquisadores da Universidade de Stanford, nos Estados Unidos, mostrou que os profissionais que são extremamente multitarefas, mantendo várias conversas de e-mail, telefones e outros trabalhos ao mesmo tempo não conseguem manter o mesmo nível de atenção, rendimento e qualidade do que aqueles que mantêm um ritmo equilibrado de trabalho.

Boca fechada não entra mosquito. Preste atenção no ambiente ao seu redor, especialmente seus colegas e clientes, e ouça mais do que fala. Aprenda a ouvir. E evite fofocas, leva e traz, disse me disse etc. Eu sei que em ambientes de salão essas coisas são muito comuns e até folclóricas, mas no fim das contas não acrescentam nada e ainda podem lhe trazer prejuízos profissionais. Mantenha uma postura e tenha a capacidade de entrar e sair das conversas, sem deixar que sua cliente perceba que você não está interessado ou nem sabe do que ela está falando. Se você aprender a ouvir e segurar sua língua, é meio caminho andado. Quando alguém lhe contar um segredo, é segredo.

Preparação e pesquisa. Antes de cumprir suas tarefas e especialmente antes de concluir projetos, é essencial que você tenha total segurança daquilo que realizou. Para tanto, a preparação e a pesquisa são essenciais. Prepare-se para estar completamente seguro daquilo que fará, já que os resultados deixarão mais claros do que qualquer outra coisa o quanto você se esforçou e dedicou.

Seja humilde sempre. A maioria dos conselhos e dicas de carreira costuma focar completamente no individualismo e autopromoção. Entretanto, a humildade é algo essencial não apenas para que você seja realmente bem-sucedido, mas também para que seja uma pessoa cada vez melhor.

E para encerrar, uma palavrinha: seja proativo. Seja uma pessoa de ação, e não de reação. Não espere que seu cliente peça. Ofereça dentro de suas necessidades e perfil. Não espere que ele reclame, pergunte antes. Faça uma pesquisa de satisfação e antecipe. Chegue antes para surpreender seus clientes, faça melhor. A pessoa reativa é um coadjuvante, um pessimista, não encara a vida de frente, busca culpado para qualquer problema e usa a vitimização como desculpa para seus fracassos e infortúnios. Já o proativo é um protagonista que constrói sua própria história, olhando a vida de frente e buscando soluções aos obstáculos que se apresentam. Quando tem um fracasso, prefere tirar aprendizados do erro e mudar seu comportamento para ser uma pessoa melhor.

Grave estas dicas:

1. Passe credibilidade e confiança.
2. Seja conveniente.
3. Seja um facilitador.
4. Busque a excelência.
5. Organize-se.
6. Seja focado.
7. Pare de tentar fazer muitas coisas ao mesmo tempo.
8. Boca fechada não entra mosquito.
9. Preparação e pesquisa.
10. Seja humilde sempre.

SEJA Proativo

[A inveja corrói os ossos, não tenha inveja do seu próximo, mas não fique acomodado. **Queira o infinito, mas aquilo que está reservado para você, pegue suas expectativas e desejos e siga em frente com os olhos fixos no seu alvo.** Esse é o único caminho para seu crescimento.]

Antes de começarmos a falar sobre como ser proativo, uma dica:

Não olhe para o problema, procure logo a solução.

No site da Fundação Vanzolini, que é uma instituição privada, sem fins lucrativos, criada, mantida e gerida pelos professores do Departamento de Engenharia de Produção da Escola Politécnica da Universidade de São Paulo (USP), você encontra alguns exemplos de expressões que deve evitar para deixar de ser reativo e como se tornar proativo.

Veja esses exemplos:

1. Não há nada que eu possa fazer, a vida é assim.
2. Sou obrigado a fazer esse trabalho, pois não tenho outra opção a não ser obedecer.
3. As coisas estão cada vez piores.

Esses são alguns pensamentos ruins que vão tornando você uma pessoa ruim, inacessível ou de difícil relacionamento, fazendo com que as pessoas tenham resistência a você e às ideias que apresenta.

Faz com que você tenha dificuldades no trabalho em equipe (e na nossa profissão, apesar de sermos empresários individuais, trabalhamos em equipe!), seja uma pessoa profundamente negativa e pessimista, tenha dificuldade de comunicação etc.

Isso se refletirá, por exemplo, em falta de zelo e preocupação com a aparência e a higiene pessoal, falta de empenho na execução do trabalho e cumprimento dos prazos e por aí vai.

Esses pensamentos negativos se refletirão no seu comportamento, na maneira como trata e atende às pessoas, na maneira de se vestir etc.

Fuja disso! Seja proativo!

Ser proativo não quer dizer apenas que você é uma pessoa que toma iniciativas, apesar dessa ser a definição básica.

O proativo pensa e age exatamente ao contrário daquelas frases negativas que citei anteriormente...

O proativo pensa:

Vamos procurar outras opções.

Eu escolho, eu prefiro.

O que vamos fazer para mudar o rumo da crise?

Posso controlar meus sentimentos.

Ser proativo é um comportamento consciente que permite prever, reconhecer e assumir a responsabilidade de interferir, reagir, modificar e interagir com as situações ao redor, para fazer as coisas acontecerem no tempo certo e da maneira certa.

As pessoas proativas não apenas tomam a iniciativa como também assumem o compromisso e colocam as suas ideias em prática. Propõem soluções, mesmo que não sejam elas as responsáveis pela origem dos problemas (estou falando estritamente de problemas no trabalho. Não vá se meter na vida dos outros, pelo amor de Deus).

Tudo isso que estou falando até aqui é exatamente para que você comece a aprender a ser proativo, a ter uma capacidade de observação apurada, uma visão sistêmica, sabe como? Uma visão de todo o contexto da profissão, do seu trabalho, de como a empresa em que você está atuando está inserida no mercado, o que é esse mercado etc.

Além disso, é importante que você seja proativo também em relação à sua profissão, que tenha a vontade de conhecer mais sobre a sua área de atuação, bem como as atividades exercidas pelos seus colegas e seus concorrentes, e como tudo isso funciona, para que você seja capaz de se antecipar e executar bem as tarefas.

Que tenha força e foco para alcançar os objetivos predeterminados e que são alvo de esforço contínuo.

Os obstáculos não devem servir como barreira ou provocar desânimo, mas ao contrário, devem ser motivadores para a busca de mecanismos para superação e entender que vitória é prosseguir a jornada no momento em que a grande maioria opta por parar.

> **LEMBRE-SE SEMPRE:**
> **Você é uma empresa, trabalhando dentro de uma empresa, mas não está isolado. Você faz parte da equipe, da engrenagem, então faça não apenas a sua parte, mas contribua para que a equipe consiga alcançar seus objetivos.**

Dentro da minha construção de carreira e do meu estilo de maquiagem eu aprendi que você não pode se fechar e só trabalhar para você como se o mundo não existisse.

A questão do estilo, por exemplo, se você trabalhar só com maquiagem artística o seu faturamento será limitado a somente aquele público, somente a eventos nos quais o cliente precisa de maquiagem artística. Isso acontece com a maioria dos profissionais da beleza. Eles se especializam no estilo que mais gostam. Então tem uns que fazem noivas, outros que são conhecidos por fazerem maquiagem muito clássica, muito clean, muito limpa, ou por fazerem maquiagem carregada.

Mas não fiz só isso. Eu me especializei numa área que descobri que gosto e tenho o meu estilo, mas esse meu estilo não vai jamais sair carimbado na face das minhas clientes. Eu disse lá atrás: **cada cliente tem seu estilo e você tem que compreender isso e aplicar seus conhecimentos para que ela fique bem.**

Dentro do segmento da beleza tem muito essa cultura das pessoas pensarem assim: faz sobrancelha, não pode fazer unha; ou faz maquiagem pesada, não é bom na maquiagem leve; faz cabelo, não é bom na maquiagem. Estou aqui para lhe dizer que você tem que se especializar sim no que você gosta e no seu estilo, mas tem que passar pelo máximo de serviços, antes de chegar a essas conclusões.

Eu tentei o sucesso na área da beleza em todos os segmentos. Comecei fazendo unha e era muito bom nisso. Quando meu sucesso na unha atingiu o que eu queria, migrei para cabelo. Trabalhei muitos anos fazendo cabelo e era muito bom também. Atuei em todas as atividades dentro do segmento da beleza. De depilação à sobrancelha e só então migrei para maquiagem, onde acabei encontrando meu caminho.

Quanto mais você diversifica o seu trabalho, maior é a possibilidade de acertar e mais rápida a chance de encontrar seu caminho. Além disso, sendo proativo, interessado, estudioso e dedicado você se tornará um profissional extremamente universal e flexível, terá acesso a todos os públicos e nunca faltará cliente na sua cadeira porque não será uma agenda limitada.

Esse é o caminho para você ser o melhor: boas ferramentas, conhecimento, dedicação, pensamento positivo e metas (de curto, médio e longo prazos).

A definição de metas é algo poderoso porque lhe fornece foco, molda seus os sonhos, lhe dá a capacidade de aprimorar as ações que precisa fazer para alcançar tudo o que deseja na vida.

Ser proativo é ter a capacidade de ver além, de se diversificar, de se reinventar para atender à sua cliente da melhor maneira possível. Dentro da minha carreira na maquiagem eu sempre tentei fazer absolutamente de tudo. Desde aquela maquiagem pesada até a maquiagem extremamente sutil, que parece que não tem nada no rosto. O famoso "nude", muito comum em nossos dias.

VOCÊ É
A SUA EMPRESA

[**"** SÓ OFEREÇA PARA OS OUTROS AQUILO *que você gostaria de consumir.* **"**]

A primeira coisa que você precisa para ter uma empresa é o produto. Uma empresa não existe sem ele. O produto pode ser tangível ou intangível. Isto é, pode ser físico, como produtos de supermercados ou virtual, como o conteúdo de um site. Este livro, por exemplo, é um produto que você está consumindo.

A ideia básica aqui é você se perguntar: qual é o meu produto e quais as características de minha empresa?

O seu produto é o que você vende, ou o que você faz para ganhar dinheiro.

E as características de sua empresa são suas preferências, a forma como se comunica, como escolhe se apresentar ao mercado etc.

Quer ver um exemplo? Tem empresas que, só de ouvir o nome, você já será capaz de pensar em várias dessas características.

Você ouve o nome Coca-Cola e vem à mente o formato da garrafa, o sabor do refrigerante etc. Isso é uma imagem mental. Isso é **MARCA**.

E você deve se perguntar: que imagem meus clientes têm da minha empresa ou como posso construir uma boa MARCA?

Antes de mais nada lembre-se que está no ramo da beleza. Então, antes de cuidar da imagem dos outros, **CUIDE DA SUA**.

• **Sua aparência é importante** – seu local de atendimento em primeiro lugar é você.

• **Imagem pessoal não é frescura**, é chave para o sucesso.

• **Como você vai provar que é bom** se não consegue nem cuidar de si mesmo?

- **Esse é o seu produto.** Você vende beleza e como venderá algo que você não tem? Então, o primeiro passo é se cuidar, ter uma boa imagem, e assim ter uma marca de confiança e vender seu produto.

<u>A sua aparência</u> tem que passar <u>confiança</u> para o cliente.

E não adianta cuidar apenas de uma coisa. Por exemplo, você é maquiador então se preocupa só com a maquiagem, a cabeleireira cuida dos cabelos, a manicure das unhas e assim por diante.

Não. Você é a garrafinha da Coca-Cola. Tem que ter uma harmonia na imagem que você vende para que o cliente se sinta atraído e deposite confiança no seu trabalho profissional.

E para que o outro o perceba, para que forme essa imagem mental da sua empresa e do seu produto, você precisa antes de tudo se conhecer. Olhe para o espelho e se enxergue como você realmente é. Ao fazer essa autoanálise você terá a noção exata do que fica bem para você, além de conseguir fazer escolhas mais assertivas. Além disso, sabendo o tipo de profissional que é, entenderá como as pessoas o enxergam e se isso está de acordo com seus objetivos.

A sua marca é a relação entre embalagem e conteúdo.

Jamais venda uma imagem do que você não é, porque assim não conquistará credibilidade junto aos outros.

Seja você!

Tendo clara qual é a sua marca você pode estar aberto a mudanças, afinal a imagem não é algo estático, precisa ser adaptada o tempo todo, seguindo as mudanças que acontecem em sua vida, em casa, no trabalho, nos objetivos profissionais e pessoais etc.

Mas aqui, uma recomendação especial: jamais se deixe cair no comodismo. Nunca descuide da sua imagem.

Você não pode ser acomodado e ter sempre a mesma imagem, mas também não pode ser um camaleão (a menos que você faça disso a sua marca, como a cantora Lady Gaga).

Para que as pessoa criem uma imagem mental, você precisa construir uma identidade.

O Sebrae tem ótimas dicas de como você pode pensar e agir para que seus clientes tenham uma imagem mental correta da sua empresa e do seu produto.

Missão, visão e valores

Você é uma empresa, então que tal trabalhar essas três palavrinhas?

Quando uma empresa divulga sua missão, visão e valores, ela está oferecendo uma versão objetiva de sua identidade. É uma forma de dizer para o cliente quem você é.

A missão é o motivo pelo qual você existe, o que você deseja conquistar, o que tem a oferecer e como alcançará isso.

Os valores são os princípios éticos que nortearão suas ações. É a moral que vai fazê-lo decidir o que é certo e o que não é.

E a visão é o objetivo, aonde você pretende chegar.

Para ter tudo isso é preciso ter uma imagem coerente com o

que você é e suas ações têm que cumprir aquilo que você está dizendo. Se sua missão é oferecer um serviço de qualidade, não pode deixar de atender uma cliente, ou atender mal, ou atrasar...

Grave estas dicas:

1 - Conheça a si mesmo.
2 - Saiba o que você quer.
3 - Cuide de sua imagem pessoal.
4 - Esteja aberto a mudanças.
5 - Nunca relaxe.

Seja diferente, MAS COERENTE

[*Não invente milagres para fidelizar clientes, nem prometa aquilo que você não pode cumprir.* Seja diferenciado mas não uma aberração.]

A construção de uma marca requer conhecimento. Como tudo, aliás.

Sua marca é a forma como as pessoas percebem você quando interagem com seu negócio, tanto em relação às impressões que você pode controlar quanto às que não pode.

Cada um de nós tem nome, rosto, estilo e forma de se expressar diferentes, e nós causamos impressões únicas nas pessoas. Da mesma forma, as empresas têm seus nomes, produtos, logotipos, cores, fontes, linguagem e reputação que devem gerenciar.

Esses elementos compõem uma identidade que afeta a forma como você, enquanto profissional e empresa, é percebido pelos consumidores.

O primeiro passo fundamental para conquistar um espaço na área da beleza é ter um estilo diferenciado.

VAMOS EMPRESTAR DA ESCOLA DE MARKETING OS SETE PASSOS FUNDAMENTAIS PARA SE CRIAR UMA MARCA:

1. Pesquise sobre o público-alvo e os concorrentes.//
2. Escolha o foco e a personalidade da empresa.
3. Escolha o nome da empresa.
4. Crie um slogan.
5. Escolha a aparência da marca (cores e fontes).
6. Crie o logotipo.
7. Aplique sua marca em todas as atividades da empresa e faça com que ela se desenvolva junto com seu negócio.

Agora vamos transportar esses ensinamentos para a nossa realidade.

Segundo o Sebrae, a marca é o DNA de uma empresa e é o que conecta o cliente ao produto. Por isso, ela precisa demonstrar a capacidade do negócio para atender às necessidades do consumidor, garantindo satisfação e melhor experiência de quem escolhe o seus serviços.

A marca representa o conjunto de valores pensados pelo empresário para dar identidade ao negócio.

Então, vamos pensar nessa identidade.

O público-alvo são os seus clientes e o perfil, que vai variar do local no qual você trabalha, por exemplo, se o salão em que você atua está numa região classe alta, classe média, enfim... Cada público tem um perfil socioeconômico e esse perfil é determinante para a imagem que você tem que passar para que a sua empresa tenha sucesso.

Essa construção de marca é muito importante, porque geralmente as pessoas que querem trabalhar na área da beleza fazem um curso numa escola e saem de lá meio pasteurizadas, sabe como é?

Se você fez seu curso no SENAC ou alguma escola assim, sabe do que estou falando. O ensino forma uma mão de obra padronizada. Se na sua sala de aula havia trinta alunos, esses vão sair de lá imprimindo exatamente aquilo que eles aprenderam na escola. Então você acaba se inserindo no mercado com o mesmo padrão de trabalho que o resto das pessoas que estudaram na mesma escola que você.

E aí a única coisa que pode lhe diferenciar no mercado, na hora que uma cliente escolher entre você e um daqueles trinta colegas de turma, é o preço. Porque o padrão acaba sendo praticamente o mesmo. Por isso que sempre falo para as pessoas que estudar é muito importante, mas tão importante quanto estudar é ir além e se desenvolver, entrar no mercado da beleza com o seu estilo próprio.

Você precisa desenvolver os seus dotes artísticos para conseguir imprimir e passar às pessoas aquilo que você acredita que seja a beleza; aquilo que você acredita que é bonito.

Por exemplo, eu, Agustin, hoje trabalho com um padrão de beleza que até então não existia, que é um homem maquiado e com barba. E eu uso uma maquiagem feita para mulher.

Outro detalhe importante para a construção da sua marca é fugir do lugar-comum. Por exemplo, eu jamais trabalhei com os estilos que estavam na moda. Porque se está na moda, todo mundo vai fazer. Nunca reproduzi maquiagens que estavam fazendo sucesso. Sempre tentei fazer uma coisa que fosse à frente de tudo que estava tendo naquele momento.

Por exemplo, quando foi o auge do delineador, eu fazia maquiagem esfumada sem delineador; quando mudou o estilo e a maquiagem esfumada se tornou um diferencial no mercado, eu voltei ao delineador.

Sempre que você estiver fazendo coisas diferentes, está atingindo um público diferente. É um público que reconhecerá o seu trabalho como único e como diferente do que os outros estão fazendo e isso lhe dará um diferencial no mercado.

O físico alemão Albert Einstein disse uma vez:

"Insanidade é continuar fazendo sempre a mesma coisa e esperar resultados diferentes."

Isso é óbvio em qualquer coisa que você já faça. Fazendo coisa diferentes, indo contra a maré, na contramão (mas com coerência, claro) você tem a possibilidade de imprimir a sua marca de fazer algo diferente da maioria.

Também não quero dizer com isso que essa seja a absoluta chave para o sucesso. Não! Não existe isso. Estou falando de uma fórmula que funcionou para mim e para muitas outras pessoas, mas que não necessariamente funcionará para você.

Por exemplo, há muita gente que conseguiu sucesso fazendo exatamente como a maioria, seguindo os modismos.

O que quero dizer é que as possibilidades são maiores quando você foge do lugar-comum, da mesmice. Mas o caminho quem tem que descobrir é você.

O que faço nesse livro é lhe dar algumas dicas, indicando alguns caminhos, oferecendo e ensinando a utilizar ferramentas que você pode empregar para atingir seus objetivos e fazer sucesso trabalhando no mercado da beleza.

Para completar, aqui vai mais uma listinha com seis dicas que podem levá-lo ao caminho do sucesso:

1. **Seja corajoso.**
2. **Acredite em você.**
3. **Seja positivo.**
4. **Desafie-se.**
5. **Faça o que você mais gosta.**
6. **Seja grato.**

Seja corajoso – As pessoas de sucesso são aquelas que tiveram a coragem de ousar, de sair do lugar-comum, sem medo de errar. Nesse novo e desconhecido caminho (saindo da zona de conforto, lembra?) você pode falhar ou ter sucesso, mas de qualquer maneira você aprenderá a crescer.

Acredite em você – Se nem você acredita que é capaz, que dirá o mundo, né? Sem essa crença em si mesmo, você não tem um caminho para o sucesso. O sucesso é algo criado. Não é algo que simplesmente acontece. Quando você acredita firmemente em si mesmo, pode conseguir praticamente qualquer coisa: é dentro dessa crença que você encontrará o poder de criar a capacidade de resistência e coragem necessários para seguir em frente quando as coisas ficarem difíceis.

Seja positivo – Uma atitude negativa afasta o sucesso e uma atitude positiva cria o sucesso. Isso vem de você, da maneira como foi criado, da forma como pensa, mas também é contagioso. A negatividade pode vir de uma pessoa próxima a você, então se cerque de outras pessoas orientadas ao sucesso.

Desafie-se – Veja os alpinistas. Para você talvez não tenha muito sentido a pessoa se arriscar a subir uma montanha só pelo prazer de chegar lá em cima e dizer: "eu venci", olhar a paisagem ao redor e começar a descida. Mas o que importa para eles não é vencer a montanha, mas desafiar-se a chegar lá apesar das adversidades. O desafio será uma peça fundamental em qualquer tipo de negócio de sucesso. É o desafio que cria o seu crescimento ao longo da jornada. Cada desafio em seu caminho lhe oferece a chance de criar uma direção mais definida para alcançar seus clientes, fornecedores, funcionários e números dos sonhos.

Faça o que você mais gosta – Você dá um passo gigantesco em direção a seu sucesso quando descobre qual é a sua paixão. É aquele pensamento chinês que coloquei anteriormente: quando você ama o que faz, o trabalho deixa de ser um "trabalho", deixa de ser aquela rotina diária que o faz levantar da cama arrastando os pés, ao contrário, faz você saltar da cama cantarolando, feliz de poder vivenciar aquele novo dia. Quando você ama o negócio que faz, não há nada que possa impedi-lo de trabalhar com ele, alimentá-lo e fazê-lo crescer.

Seja grato – Olhe para tudo à sua volta e perceba o quão grande é o que você tem, em comparação com a situação de muitos outros. Quando tem essa atitude, você para de sofrer e reclamar sobre essas coisas. Em cada conta que pagar, escreva "obrigado". Isso serve para agradecer e reconhecer que você tem a abundância necessária para pagar o serviço, produto ou evento. Desenvolver essa mentalidade lhe ajudará a ter uma bússola para navegar nas marés em constantes mudanças no modo de negócios e objetivos financeiros.

Faça dessas dicas a base da sua marca e você verá que ela se tornará poderosa e mesmo que não o torne famoso, o fará uma pessoa melhor.

Preste atenção nas PESSOAS BEM-SUCEDIDAS

[*Se você persistir, com certeza terá êxito. Só perde quem desiste. Quando você não se intimida pelos obstáculos, no mínimo consegue avançar em direção aos seus sonhos.*]

Conhecer histórias de pessoas que conseguiram superar seus problemas e tiveram sucesso na vida é uma maneira poderosa de se inspirar a encontrar forças para encarar nossos medos e dificuldades.

Uma boa sugestão é ler biografias. Conhecer como as pessoas famosas que você admira e curte começaram. Você verá que a grande maioria tem histórias parecidas com a sua. A maioria veio de baixo, começando do nada e construindo uma marca de sucesso, uma reputação ou um império financeiro.

Eu mesmo vou lançar um livro autobiográfico em breve, contando detalhes de como cheguei aqui, desde meu nascimento; isso será para que você conheça minha trajetória e não fique pensando: "Ah... Agustin nasceu em berço de ouro, nunca precisou ralar."

Não. As pessoas de sucesso ralaram e ralam muito, porque esse também é outro detalhe: o sucesso não é perene. Não é algo que você conquista e pronto. Muito pelo contrário, o sucesso é algo muito difícil de ser conquistado e muito, mas muito, fácil de ser perdido. E a diferença entre ser um sucesso e fracassar está dentro de sua cabeça. Na maneira como você trata as pessoas, como gerencia sua vida, seja pessoal ou financeira.

Lembra-se do Menudo? Era um grupo musical de Porto Rico, criado em 1977 pelo produtor Edgardo Díaz. Na década de 1980, os cinco garotos estouraram na América Latina se transformando num fenômeno musical e conquistando milhares de fãs. Na época chegaram a ser comparados à beatlemania. Em qualquer país que chegavam eram recebidos com choro e gritaria de adolescentes que enfrentavam filas de dias para conseguir um ingresso para seus shows, realizados em estádios de futebol lotados.

O problema dos menudos é que o dono da banda, o produtor Edgardo Díaz cometeu um erro fatal: ele não entendeu que

O sucesso é feito por pessoas

Não há equipamentos, máquinas, roupas, nem mesmo letras de músicas bem elaboradas que possam ser um sucesso por si mesmos. É a pessoa, o artista quem imprime sua marca (lembra o que falei antes, sobre a importância de sua marca pessoal?) e atinge o sucesso, o reconhecimento do público e a fama.

Pois bem, quando ficou famoso, o Menudo era formado por Robby Rosa, Charlie Massó, Roy Rosselo, Ray Reyes e Ricky Meléndez, e por divergência de contrato ou sabe-se lá os motivos (um dos integrantes do grupo, que hoje vive no Brasil, o Roy, chegou a acusar o produtor de assédio sexual), o dono da banda começou a trocar os artistas. O Ricky Meléndez foi substituído pelo Ricky Martin, o que provocou uma polêmica gigantesca na época. E com isso o grupo se descaracterizou e, apesar de dançar da mesma maneira, usar as mesmas roupas de antes e cantar as mesmas músicas, nunca mais fez sucesso.

O que eu quero lhe contando essa história é mostrar o quanto o sucesso é pessoal e intransferível.

E nessa história do Menudo há outro exemplo importante para nós, que é como gerenciamos nossas carreiras. A maioria dos artistas voltou para sua origem e segue vida normal, alguns continuam como músicos (apesar de fazerem grande sucesso), produtores musicais etc., mas dois se destacaram, para cima e para baixo.

O Roy Rosselo veio para o Brasil atrás da fama perdida e vive até hoje por aqui. Chegou a ser vendedor de cachorro-quente, participou de realities shows de TV, como "A Fazenda". Hoje, pobre, percorre o país dando testemunho de sua história.

E de outro lado o Ricky Martin, último dos menudos, é hoje um dos artistas mais ricos, famosos e requisitados do mundo. Em 2018 ficou em primeiro lugar entre os dez cantores mais bem pagos do mundo, segundo a Revista People, com um faturamento de US$ 96 milhões.

Conhecer histórias de sucesso, inspiradoras, tem um efeito psicológico em nós, por isso é importante. Quer mais alguns exemplos de histórias de sucesso? Dou-lhe cinco delas:

ANITA RODDICK – Quando a empreendedora Anita Roddick abriu a primeira loja da rede Body Shop, ela não buscava riqueza. Em suas próprias palavras, ela trilhava no momento "um caminho hippie".

Viajando por países subdesenvolvidos e vendo seus hábitos para cuidar do corpo e da saúde, Roddick teve a ideia de criar uma linha de cosméticos feita com ingredientes naturais. Ela não venderia vaidade, e sim preocupação com o meio ambiente. Ao mesmo tempo, obteria uma fonte de renda para sustentar suas duas filhas.

Roddick conseguiu um empréstimo de US$ 6,5 mil, uniu-se a um especialista em plantas medicinais e achou um ponto comercial em Brighton, no Reino Unido.

Assim nasceu a primeira loja da Body Shop – uma rede global de beleza que se baseia em uma estratégia inusitada, combinando marketing discreto com conscientização ambiental, ética e social.

Em 2007, ano de sua morte, Anita Roddick deixou toda sua fortuna, de 51 milhões de libras esterlinas, para organizações ambientais e sociais. A Body Shop foi vendida para a L'Oréal.

DUSTIN MOSKOVITZ – Se você já viu o filme "A Rede Social", talvez se lembre de Dustin Moskovitz. Menos conhecido do que seus colegas de faculdade Eduardo Saverin e Mark Zuckerberg, Moskovitz é especialista em programação.

Porém, um fato muito desconhecido é que Moskovitz aprendeu a linguagem que faria o Facebook se expandir – o PHP – em "apenas alguns dias", segundo o Business Insider.

Zuckerberg sabia o básico de PHP e foi assim que programou a primeira versão do que viria a ser o Facebook, em 2004. Em poucas semanas, o site que conectava estudantes da Universidade de Harvard explodiu e havia a demanda de levar a rede de relacionamento para outras universidades.

O empreendedor se matriculou em uma aula de programação, mas não tinha tempo para se dedicar a outros aspectos do Facebook. Foi aí que Moskovitz ofereceu sua ajuda, e falou que aprenderia PHP.

A rede social conseguiu se expandir e Moskovitz se juntou a Zuckerberg em Palo Alto, na Califórnia, com o cargo de Diretor de Tecnologia. O programador saiu do Facebook em 2008, mas sua participação na empresa já havia tornado Moskovitz em um jovem bilionário.

JACK MA – Você provavelmente conhece os sites Alibaba e Aliexpress, e talvez saiba que seu fundador se chama Jack Ma. Mas talvez não conheça quão peculiar é o bilionário chinês – e o quanto ele lutou para ser um empreendedor de sucesso.

Apenas para começar, o então Ma Yun não teve uma carreira estudantil de destaque. Ele tentou entrar em Harvard dez vezes – e foi rejeitado em todas. Então, foi para outra faculdade e resolveu procurar um emprego. Se candidatou a trinta vagas diferentes e foi rejeitado em todas. Depois do trauma, Ma Yun adotou o nome Jack Ma e resolveu aprender inglês. Por nove anos, ia diariamente ao principal hotel da cidade para conversar e guiar os turistas, de graça.

Nesse período criou o site de comércio eletrônico Alibaba. Mas o dinheiro demorou para chegar. Com o tempo – e o grande boom da internet –, a situação de Jack Ma se inverteu. O IPO (Initial Public Offering) do grupo Alibaba foi um dos maiores da história e atingiu US$ 25 bilhões. O empreendedor se tornou um dos homens mais ricos da Ásia e do mundo, com uma fortuna avaliada pela Forbes em US$ 27,6 bilhões.

JONY IVE – Se você quer realmente conhecer a história da Apple, precisa ir além da biografia de Steve Jobs. Quem é empreendedor e pretende focar em desenvolvimento de produto deveria conhecer também Jony Ive: o gênio por trás dos grandes sucessos da Apple.

A colaboração do designer com Jobs produziria alguns dos mais desejados itens tecnológicos de todos os tempos – como o Mac, o iPod, o iPhone e o iPad. Ive sabe como unir beleza e funcionalidade em apenas um produto, e isso tornou a Apple uma das empresas mais valiosas do mundo.

KONOSUKE MATSUSHITA – Você talvez não conheça Konosuke Matsushita, mas já deve ter usado um dos eletrônicos que sua companhia produziu: a Panasonic.

Antes de obter sucesso, porém, o empreendedor passou da riqueza herdada para a pobreza – e teve de construir seu próprio patrimônio, com muito trabalho.

Matsushita teve uma infância abastada: sua família trabalhava com grandes plantações no interior de Wakayama, no Japão. Porém, uma desvalorização repentina das *commodities* fez com que os Matsushita empobrecessem, e o futuro empreendedor teve de arranjar seu primeiro emprego aos nove anos de idade, em uma loja de carvão de Osaka, em 1904. Depois, trabalhou em uma loja de bicicleta até os quinze anos de idade.

Convencido de que o futuro estava na eletricidade, Matsushita se candidatou para um emprego na companhia Osaka Electric Light. Aos 22 anos de idade, se esforçava para convencer

seu chefe de que tinha uma ótima ideia em mãos – uma tomada desenvolvida de forma inovadora. Mas não obteve resposta.

Lembrando dos conselhos de seu pai sobre as vantagens de ser empreendedor, Matsushita largou seu emprego, em 1917, e montou sua própria loja em um pequeno alojamento: a Matsushita Electric.

As vendas iam de mal a pior, e o empreendedor trabalhava para sobreviver. O negócio só não faliu porque recebeu um pedido inesperado, de mil unidades de placas com isolante para ventiladores elétricos.

Matsushita conseguiu se mudar para um local maior e expandiu sua produção para outros produtos inovadores de eletricidade, desenhados por ele próprio. A Matsushita Electric surpreendeu o mercado, por exemplo, ao lançar lâmpadas para bicicleta que operavam por bateria, e não por velas ou querosene.

A companhia, que mudou seu nome para Panasonic, se tornou conhecida por oferecer alta qualidade e preço baixo, firmando-se por décadas. Eventualmente, o negócio ficou conhecido por ser o maior do Japão no ramo de eletrônicos para consumo.

Um pouco de Administração DE EMPRESAS

[*Ter metas bem definidas e planejar cada passo* que você dará para atingi-las é o que define sua vitória. Para ser um empresário de sucesso é necessário estabilidade econômica, *e você só irá consegui-la sendo organizado financeiramente.*]

Saber gerenciar a sua empresa é fundamental para que você tenha sucesso. Afinal, se não tiver tranquilidade financeira, se estiver cheio de dívidas, recebendo ligações e visitas de cobradores, não terá a tranquilidade necessária para planejar, se organizar e prestar um serviço de qualidade. E muito menos terá condições de investir em sua carreira. Saiba separar a pessoa física da pessoa jurídica. Sua empresa deve sempre vir em primeiro lugar, pelo menos nos primeiros anos, para que possa crescer. Se para isso, você tiver que dar aquela economizada nos gastos pessoais para investir em sua empresa, faça isso mesmo assim, pois disto você colherá bons frutos no futuro. Lá na frente, você poderá se dar alguns luxos.

Trago aqui mais uma amiga, Patrícia Rivera, mulher, mãe, formada em Administração de Empresas, com especialização em Administração Financeira e MBA em Gestão Financeira, que é Coach de Negócios e CEO da empresa Bello Produções.

ELA FALA SOBRE: "A Gestão de um Sonho"
PLANO DE
Negócios e Planejamento
ESTRATÉGICO

"Pois qual de vós, querendo edificar uma torre, não se senta primeiro a calcular as despesas, para ver se tem com que a acabar? Para não acontecer que, depois de haver posto os alicerces, e não a podendo acabar, todos os que a virem comecem a zombar dele, dizendo: Este homem começou a edificar e não pode acabar. Ou qual é o rei que, indo entrar em guerra contra outro rei, não se senta primeiro a consultar se com dez mil pode sair ao encontro do que vem contra ele com vinte mil? (Lucas 14:28-31)

Antes de falar sobre a importância de um Plano de Negócios e Planejamento Estratégico, quero aqui abrir um parêntese para fazer um breve relato sobre minha história até hoje e aí você entenderá melhor a importância de fazer um planejamento estratégico ou um plano de negócios para que as probabilidades de seu empreendimento sejam mais duradouras e bem-sucedidas.

Talvez você esteja até pensando: eu acho um saco finanças, financeiro, não entendo nada... eu não sei isso, eu não gosto de administração, eu não gosto de finanças, eu sou um artista, não tenho jeito para alimentar planilhas, blá-blá-blá... Antes de tudo quero lhe afirmar que isso são crenças limitantes que o impedem de ser um empreendedor de sucesso.

Bom, desde os dezesseis anos, mesmo tendo pais com boas condições financeiras e que sempre me deram o melhor, eu optei em ter meus próprios recursos e, assim, consegui meu primeiro trabalho em um shopping. Aos dezenove anos comecei a fazer roupas usando a expertise da minha mãe, que amava costurar. Na época fazia faculdade de engenharia civil. O negócio começou a dar certo e mudei para faculdade de administração.

Aos 28 anos decidi casar e mudei de cidade. Vendi meu carro, peguei minhas economias e abri um negócio em sociedade com meu ex-marido. O casamento acabou no segundo mês de gravidez do segundo filho após apenas um ano e meio de casada. O negócio também acabou. Mas aprendi algo valioso anos à frente, eu poderia ter tido lucro se eu tivesse feito um PLANO DE NEGÓCIOS, e olha que eu havia aprendido na faculdade e não o fiz quando deveria ter feito. Além dos filhos (a parte maravilhosa de tudo isso), fiquei com uma dívida de quase trinta mil reais há vinte anos. Talvez hoje seria em torno de uns cem mil? Bom, sacudi a poeira, recomecei do zero, consegui um trabalho aos sete meses de gravidez e dezessete dias após ter dado à luz o segundo filho eu retornei ao trabalho, e com um detalhe, sem saber qual seria meu salário, pois se eu ganhava na época cinquenta reais, seria o suficiente para comprar dez latas de leite.

Numa manhã de domingo bem cedo, e, como de costume, liguei a TV e estava passando um programa sobre empreendedorismo com alguns casos de sucesso, quando um determinado assunto me chamou atenção: brechó infantil.

Na época, há catorze anos, eu trabalhava como gerente administrativo-financeiro de uma empresa com mais de cem funcionários. Ganhava bem, mas o meu espírito empreendedor gritou mais alto quando vi aquela reportagem, principalmente porque eu criava meus dois filhos sozinha, sem ajuda do pai.

Trabalhando nessa empresa e em casa à noite confeccionando roupas, consegui liquidar minha dívida, limpar meu nome e depois de já estar aproveitando algumas coisas boas com meus filhos, decidi abrir um brechó infantil, mesmo trabalhando na empresa.

Foi um sucesso. Consegui mídias em todos os jornais e muitos clientes classe A. Em menos de um ano, tive que deixar de ocupar a sala de estar e jantar da casa da minha mãe e alugar um espaço três vezes maior para poder atender aos clientes. Sucesso total!!!

E sabe por que ele deu certo? Porque fiz um PLANO DE NEGÓCIOS! Dei a volta por cima, comprei meu carro, fiz várias viagens com meus filhos e tinha uma gorda poupança para comprar minha tão sonhada casa própria ao final de sete anos desde a separação. Depois de nove anos sozinha encontrei uma pessoa maravilhosa, que é meu atual marido hoje.

Na época eu estava bem financeiramente, só que meu marido atual estava em declínio no seu negócio, uma empresa que na época, com mais de quinze anos de existência, começou a passar por dificuldades financeiras após a decisão dele em investir em um novo produto, que tinha tudo para dar certo se não fosse a falta de um PLANO DE NEGÓCIOS e de um PLANEJAMENTO ESTRATÉGICO.

Perceberam a importância desses dois instrumentos usados na administração de um negócio?

Então, me permita lhe dizer algo: se você já tem um negócio e não tem um Planejamento Estratégico, eu lhe recomendo urgentemente a fazer e se você quer colocar um negócio ou lançar um produto novo eu lhe recomendo a fazer um PLANO DE NEGÓCIOS, mas já vou avisando, é preciso muita dedicação para conceber um planejamento estratégico consistente e um plano de negócios vencedor.

Qual a diferença entre Plano de Negócios e o Planejamento Estratégico?

Ambos possuem, praticamente, o mesmo viés de estrutura e elaboração. Sua diferenciação é a temporariedade, ou seja, sua aplicação no tempo.

Quando o empreendedor inicia o projeto de um novo negócio, ele deve ter como prioridade elaborar um Plano de Negócios em que deve apresentar todos os detalhes e premissas desse novo empreendimento. Esses dados definem os passos a serem seguidos para o sucesso pretendido com esse empreendimento. O plano de negócios colabora para diminuir os riscos e as incertezas. Um plano de negócios permite identificar e restringir seus erros no papel, em vez de cometê-los no mercado.

Para um bom Plano de Negócios é importante responder as seguintes perguntas:

1. *Qual necessidade pretendo atender? Qual produto ou serviço e suas características, vantagens e benefícios?*

2. *Para quem? Qual cliente, mercado e qual o canal de vendas?*

3. *A que preço? Prêmio, médio, preço com desconto?*

4. *Como? Qual é a estratégia de diferenciação em relação à concorrência?*

Vale lembrar que além do roteiro acima, é importante agregar uma análise completa sobre a sua missão, sobre o mercado (clientes, concorrentes e fornecedores), elaborar um plano de marketing (produtos, preços, estratégias promocionais e localização), matriz SWOT, Plano Operacional (leiaute, capacidade produtiva, processos operacionais, necessidade de pessoal). **O Plano de Negócios também deve trazer um planejamento orçamentário com os resultados financeiros previstos para os primeiros anos da empresa.** Indicadores importantes como investimento fixo, variável, estimativa de custos, Lucro Operacional, Lucro Líquido, Fluxo de Caixa e DRE devem ser informados.

Não se aventure em mercados que não conheça. No livro Arte da Guerra o autor menciona uma história que descreve essa situação: "Se você não se conhece e não conhece o inimigo, vai perder todas as batalhas. Se você se conhece, mas não conhece o inimigo vai ganhar algumas e perder outras. Se você se conhece e conhece o inimigo, vai ganhar todas as guerras."

Quando nos referimos à implementação de um Planejamento Estratégico, tratamos da elaboração de um estudo, com praticamente o mesmo escopo do Plano de Negócios, porém com visão de médio e longo prazo. Um Planejamento Estratégico trata, tipicamente, de projeções para três a cinco anos. Empresas operacionais, e que já implementaram o seu Plano de Negócios, utilizam o **Planejamento Estratégico para dar continuidade e direcionamento à sua organização, bem como na definição de metas que deverão ser perseguidas pela equipe.**

Um bom planejamento estratégico contempla um diagnóstico preciso da sua empresa/negócio (análise do SWOT – momento de elencar as forças, fraquezas, oportunidades e ameaças. O diagnóstico ajuda a entender o contexto que a empresa está inserida e identificar as ações mais adequadas para serem atingidas. Além disso, é necessário definir a identidade da sua empresa (missão, visão e valores), definir metas e os indicadores, fazer um plano de ação (definir quem, quando, como será feita a meta etc.) e o mais *importante, acompanhar e analisar. Costumo dizer que esta é a parte mais difícil de um planejamento estratégico: acompanhar e analisar. Como imagina seu negócio nos próximos três ou cinco anos, qual estratégia do negócio e seu plano de ação para atingir as metas/objetivos definidos?*

Uma empresa sem planejamento estratégico é como um avião sem bússola. Com certeza em algum momento cairá. O PE, quando bem elaborado, dá longevidade à organização, perpetua o negócio e informa o que, de que maneira (estratégia), quando e por quem serão executados os planos de ações.

Tenha **FOCO e DISCIPLINA** *na condução de sua estratégia. Adapte ou mude sua estratégia de acordo com as mudanças no seu mercado. Lembre-se que a estratégia do sucesso pode se tornar a estratégia do fracasso.*

Faça uma lista do **QUE NÃO FAZER**. *Muitas empresas falham porque perdem o foco e não são flexíveis a mudanças. Imagine o fim do uso de seu produto e serviço e o que pode substitui-lo.*

Talvez alguém possa lhe dizer: minha empresa é um sucesso e eu nunca fiz nada disso. Posso lhe dizer que eu fiz um PN e meu brechó foi um sucesso, tanto é que, depois de catorze anos ele continua a existir. Durante quinze anos meu marido não precisou de um PN e nem de um PE, até quase falir (faltou muito pouco, muito pouco mesm. A empresa que tinha 26 funcionários ficou apenas com um. Eu diria que o que manteve o negócio foi o nome da marca e a qualidade que ele já tinha conquistado no mercado), mas asseguro que foi após uma análise de SWOT, rever sua missão, visão e valores, definir novas metas, montar um plano de ação, buscar novos conhecimentos, eliminar crenças limitantes, foco e disciplina e de um controle de nossas finanças pessoais através de uma Planilha Orçamentária Doméstica para separar o que é pro-labore e o que é dinheiro da empresa, além de muita esperança e fé em DEUS, nossa empresa foi se erguendo novamente e alçando voos mais altos a cada ano. Estamos nesse momento, com uma nova visão, uma nova missão, com novas metas, pois "sonhos sem metas são apenas um desejo", com um plano de ação em mãos, e com uma fé renovada em Jesus, o qual sempre nos dá mais do que pedimos ou pensamos, estamos seguindo em frente e crendo que este ano será o melhor ano das nossas vidas até então. O que o impede de realizar seus sonhos?

"O ser humano pode fazer muitos planos; contudo, quem decide é Deus, o SENHOR!" **(Prov. 19:21)**

A importância de analisar seus pontos fracos e fortes

Quero chamar a atenção aqui para uma ferramenta que a Patrícia cita no meio do texto (se não lembra, volte lá e releia): a análise SWOT. Essa é mais uma daquelas ferramentas citadas anteriormente (como o TPM) que será utilizada por você para fazer uma análise de sua empresa, de seu desempenho, de sua carreira.

A sigla SWOT é derivada de termos em inglês que significam pontos fortes (strengths), pontos fracos (weaknesses), oportunidades (opportunities) e ameaças para o seu negócio (threats). Os dois primeiros itens são fatores que compõem seu desempenho profissional, logo, são controláveis e podem ser alterados dentro do ambiente interno. Já os dois últimos itens são incontroláveis e estão presentes no ambiente externo.

> **Uma imagem talvez o ajude a entender melhor:**
>
> | | AJUDA | ATRAPALHA |
> |---|---|---|
> | Ambiente Interno | **S** Forças | **W** Fraquezas |
> | Ambiente Externo | **O** Oportunidades | **T** Ameaças |
>
> *A IDEIA É FAZER UM QUADRO DESSE JEITO AÍ QUE VOCÊ PODE RABISCAR NUMA FOLHA DE CADERNO.*

A ideia é fazer um quadro desse jeito aí que você pode rabiscar numa folha de caderno.

DIVIDA O QUADRO EM QUATRO PARTES, COMO O JOGO DA VELHA E VOCÊ RELACIONARÁ O QUE TEM DE MAIS FORTE E O QUE TEM DE MAIS FRACO NA SUA EMPRESA OU NO SALÃO QUE VOCÊ TRABALHA.

Ambiente Interno – O primeiro passo é entender o Ambiente Interno. Nele são avaliadas todas as atividades e características internas do próprio salão de beleza. Você deverá observar como é o funcionamento do salão no que diz respeito a serviços, decoração, funcionários, atendimento, entre outros. Ou seja, são características que você pode controlar e mudar. Por exemplo, se você tem alguma dificuldade no atendimento, identificando o problema pode buscar uma orientação (ser seu coach!) ou até fazer um curso que possa ajudá-lo a melhorar. Mesmo pequenos detalhes podem fazer a diferença quando você avaliar todo o cenário que envolve o salão de beleza e você, enquanto empresa, atuando dentro dele.

No quadro das **FORÇAS** você deve observar quais são os melhores serviços e atributos do seu salão de beleza. Pergunte-se: "Quais os diferenciais do meu salão? O que coloca o meu salão à frente dos meus concorrentes?" Por exemplo, se você acredita que a sua decoração e seu atendimento são diferenciais importantes, liste-os.

Pense além do que as suas clientes enxergam no seu trabalho, avalie os seus processos internos, mesmo você não sendo o gestor do salão lembre-se que você é o gestor da sua empresa, e dentro dela você pode classificar o que tem de bom ou ruim.

No quadro das **FRAQUEZAS** você olhará para os pontos negativos tanto do estabelecimento em que você está inserido, quanto seu. É importante que tudo seja respondido verdadeiramente. Afinal, é sabendo dos seus erros, que você fará acertos para melhorá-los. Entram nesse tópico todos os fatores que prejudicam o seu progresso e o do salão. Por exemplo, se o tempo de atendimento é lento, isso pode ser algo negativo para a sua reputação e deve ser listado. Se o salão atrasa os pagamentos também adicione nessa lista.

Depois de entender o Ambiente Interno, é a vez de analisar qual é o Ambiente Externo em que o estabelecimento no qual você trabalha está inserido. Conhecer o cenário que envolve o salão de beleza o ajudará a ter uma visão mais ampla do mercado e do ambiente que o cerca.

Neste quadro você colocará questões que estejam fora do controle do salão de beleza, da esmalteria, enfim, do estabelecimento em que você está trabalhando e que sejam negativas. Verifique o que pode impactar o negócio de alguma forma. Por exemplo, concorrentes próximos, questões políticas ou legais, como a Resolução 215/05 da Agência Nacional da Saúde (ANVISA), que proibiu o uso do formol como alisante, qual o impacto disso? E por aí vai... Coloque tudo que pode ter alguma influência no seu trabalho.

No quadro ao lado, como está na figura, liste fatores externos, que podem ter boa influência. Por exemplo, uma isenção fiscal, a abertura de um estacionamento próximo ao salão, entre outros.

Preenchido todos os quatro quadros, você consegue fazer um diagnóstico de suas fraquezas, forças, oportunidades e ameaças cruzando as informações. PENSE EM COMO VOCÊ PODE MINIMIZAR AS FRAQUEZAS E AMEAÇAS, APROVEITANDO O SEU POTENCIAL (forças e oportunidades). Assim você consegue ter um conhecimento maior do próprio negócio e consiga criar estratégias de crescimento.

Outra coisa que a Rafaela fala na contribuição que nos deu neste livro é sobre Plano de Negócios (PN) e eu senti que deveríamos dar um passo adiante, no esclarecimento da importância e da forma de se fazer isso. Não é complicado de se fazer e é importantíssimo para seu sucesso.

Para que sua empresa tenha um crescimento saudável e alcance bons resultados é importante que se desenvolva um plano de negócios. Muitos empreendedores não se atentam a esse processo e acabam cometendo o que os administradores chamam dos **SETE PECADOS CAPITAIS** que podem levá-lo à falência, principalmente se você é dono do negócio:

1 – Falta de conhecimento do mercado e do negócio.

2 – Achar que a vida de empresário é moleza ou hobby.

3 – Localização do ponto e valor do aluguel.

4 – Falta de controle de estoques.

5 – Investimento incompatível e falta de capital de giro.

6 – Não controlar despesas ou o fluxo de caixa.

7 – Não formalizar a relação com os colaboradores.

Apesar de, como já disse, esse ser um dos setores da economia que mais crescem, a falta de conhecimento sobre o que é e como funciona esse mercado pode ser fatal. Um caso clássico é o do cabeleireiro que sai de um lugar, pega suas economias e decide abrir seu próprio negócio, já que não quer voltar a trabalhar em empreendimentos alheios. Ele pode até ser muito talentoso com tesouras e pincéis, mas, sozinho, não tem como se dedicar à clientela ao mesmo tempo em que administra a empresa. Sem preparo, não saberá vender, controlar, pagar, receber, lidar com situações fiscais, de mercado e muito menos ter experiência para driblar adversidades.

Além disso, dependendo do número de clientes, também se frustra porque descobre (tardiamente) que podia ganhar mais antes, como terceirizado, do que agora como dono do negócio, principalmente nos primeiros anos, período em que é preciso esperar pelo retorno do investimento.

Engana-se quem pensa que só porque já trabalhou em salão, sabe tudo. Ao conversar com o maior número possível de colegas de profissão, sempre haverá histórias de quem investiu e não seguiu adiante.

Se você quer se aventurar como dono do negócio e não tem conhecimento ou habilidade em gestão de negócios, a dica é contratar um administrador ou buscar um sócio que seja administrador. Se o salão for de pequeno porte, daqueles que você abre na sala da mãe, a assistência de um bom contador já pode ajudar.

Deixar de acompanhar o dia a dia da empresa, principalmente no segmento de beleza, achar que é um hobby ou que o salão funciona sozinho pode ser fatal. Em qualquer negócio, aliás, o dono deve ficar sempre atento, né?

Tem uma frase que diz "o olho do dono é que engorda a boiada" e é bem isso.

Um salão tem sempre um grande número de pessoas trabalhando como funcionários ou terceirizados que precisam de gerenciamento. Os colaboradores precisam ser competentes e prestar bons serviços, cumprir rigorosamente os horários e a agenda, estar sempre com boa aparência, ter pontualidade, cobrar corretamente pelos serviços, enfim, apenas o dono ou um gerente capacitado pode conduzir o bom funcionamento do estabelecimento.

Mesmo tomando todos os cuidados e dando atenção ao dia a dia da empresa, o empresário do ramo pode enfrentar dificuldades se escolher mal onde se instalar ou se o valor do aluguel for muito alto. Uma dica: o ideal é que o aluguel nunca ultrapasse 10% da receita bruta.

Isso porque, como em geral metade do faturamento com os serviços fica nas mãos dos terceirizados, o dinheiro que efetivamente entra no caixa tem que cobrir as despesas fixas, impostos, taxas etc., e ainda dar lucro.

Veja um detalhe, segundo o Sebrae o tempo médio de retorno de um investimento nessa área gira em torno de 18 a 36 meses. Se você pega suas economias e investe tudo para abrir um salão, como fará para sobreviver, com capital de giro, essas coisas?

Além disso é preciso experiência e conhecimento para a elaboração de uma tabela de preços correta baseada no custo do serviço, do produto e da margem de lucro. Por mais experiente que seja um cabeleireiro dos bons, quando você pula para o outro lado, para o lado de ser dono do próprio negócio, sem ter o auxílio de um administrador ou contador, dificilmente saberá formar os valores de maneira correta porque há uma série de variáveis a se considerar. E, se você errar para baixo, pode ter prejuízo; e para cima, pode tornar os serviços caros diante da concorrência, o que afugentará a clientela.

E se você não sabe fazer uma tabela de preços correta, dificilmente saberá controlar o fluxo de caixa, o que entra e o que sai, as contas, controle de estoque e sobre os custos fixos e variáveis etc.

Você acha que a ANTECIPAÇÃO DE RECEBÍVEIS é uma boa prática? Ou nunca ouviu falar desse bicho?

Finalmente, contratar funcionários (sim! O salão não é formado apenas por terceirizados, precisa de mais gente) sem registro em carteira, ou fazer qualquer coisa na informalidade, como deixar de fazer os contratos de autônomos e pessoas jurídicas achando que "ah, não vou ter problemas, porque fulano é meu amigo", pode acabar com o sonho de ser dono de um salão.

Como você identifica falhas no atendimento, atrasos, fofocas no local de trabalho, expondo a clientela a constrangimentos, e profissionais que só contestam as regras e viram revolucionários em vez de trabalhar?

A gestão de uma empresa na área da beleza pode ser muito mais complicada que a de outra empresa de qualquer área, porque, primeiro é uma prestação de serviços e você terá que gerenciar vários itens, inclusive a qualidade do serviço, o que é uma coisa etérea, intangível.

Por exemplo: o que é a qualidade de um cabelo bem cortado; de uma maquiagem bem-feita? De uma unha bem pintada, uma depilação (se for íntima então, como saber se ficou no padrão que você quer que sua empresa mantenha)? Como você avalia tudo isso? Respondo já, antes que você coce a cabeça: fazendo pesquisa com a clientela.

Segundo, que você trabalhará com gente e gente é sempre complicada. E PIOR: são artistas, pessoas emocionalmente instáveis, com egos gigantescos e por aí vai. Se você pegar dois cabeleireiros muito competitivos, que entram numa guerra de egos e se recusam a trabalhar juntos, entenderá do que o Agustin está falando.

Voltando para a história do Plano de Negócios, todos esses problemas podem ser antecipados. Então, antes de começar a tirar os móveis da sala da mamãe ou de alugar aquele espaço no shopping, faça um PN.

À primeira vista, fazer isso pode parecer chato por ser burocrático e cheio de detalhes, mas depois de finalizado ele é capaz de lhe dar uma fotografia, um panorama geral do negócio que você deseja abrir.

Segundo o Sebrae, um PN para salão de beleza tem tópicos específicos que devem ser preenchidos de acordo com o empreendimento. Lembre-se de fazer direitinho porque todas as informações são importantes, e esse será seu material de apoio para guiá-lo na gestão da empresa.

Veja a lista de itens para fazer o plano e do que se trata cada um:

SUMÁRIO EXECUTIVO – é um resumo do negócio com as principais informações: nome, objetivo, mercado de atuação, capital social, recursos, pontos fortes e fracos e dados dos empreendedores.

HISTÓRIA DOS EMPREENDEDORES – De forma breve, a carreira profissional do dono ou sócios deve ser contada para que se torne conhecida a experiência e conhecimento em empreendedorismo de quem toma conta da empresa.

O motivo que o levou a abrir o novo negócio e as funções que serão desempenhadas por você e seu(s) sócio(s), se for o caso, também devem ser descritas aqui.

DADOS DA EMPRESA – Informações básicas sobre a empresa como Razão Social, Nome Fantasia, CNPJ e endereço.

MISSÃO, VISÃO, VALORES – Esses três elementos resumem o que a empresa faz, aonde ela quer chegar e de que maneira. Falei disso antes, mas é sempre bom rememorar: a missão apresenta de forma simples o que a empresa faz, qual seu principal objetivo; a visão é aonde a empresa planeja chegar e valor são as crenças e atitudes que darão a sua identidade. Por exemplo, as regras que os colaboradores deverão observar, a ética por trás dos comportamentos etc.

ANÁLISE DO MERCADO – A análise do cenário no qual a empresa estará inserida deve ser apresentada. Informações sobre o setor e o nicho aonde o negócio atuará são explicadas aqui na análise de mercado. Por exemplo, o que eu falei anteriormente sobre ter noção do tamanho do buraco em que você está se metendo.

POSICIONAMENTO DE MERCADO – Defina qual será a fatia do mercado representada pelo seu negócio e de que maneira ele atingirá o ramo. Essas informações devem ser as mais realistas possíveis e de preferência, que possam ser comprovadas, medidas etc.

FORMA JURÍDICA – Aqui você precisa de um contador, mesmo. Não dá para fazer sozinho. Descreva a escolha da forma jurídica da empresa e o motivo de escolha do enquadramento. Por exemplo, se a empresa será Microempreendedor Individual (MEI), Empresário Individual, Empresa Individual, Sociedade Limitada ou Anônima.

ENQUADRAMENTO TRIBUTÁRIO – O enquadramento tributário será determinado pelo faturamento do negócio e quantidade de funcionários registrados. A empresa pode receber a classificação de ME, EPP ou ainda o MEI.

ANÁLISE DO SEU PROJETO – A descrição do projeto deve ser feita nessa etapa e de maneira minuciosa. É importante apresentar quais resultados podem ser alcançados por meio dessa empresa, mas também possíveis dificuldades e de que maneira pode-se obter soluções.

ANÁLISE COMERCIAL – A definição das estratégias para ações comerciais e de marketing devem ser expostas nesse momento em seu plano. O preço dos serviços também deve ser estabelecido nessa etapa.

ANÁLISE FINANCEIRA – Para que se tenha uma projeção do lucro da empresa é importante observar as finanças da empresa. Você tem que definir quais são os custos iniciais e permanentes da empresa juntamente com a previsão de entradas e saídas mensais.

INVESTIMENTOS – Na etapa de investimentos é importante falar sobre o capital inicial da empresa e como ele será formado, se é tudo dinheiro que você está tirando do bolso, se fez algum empréstimo bancário, se tem outros investidores etc.

Pode parecer complicado achar todas as informações, mas *não desista nem pule essa etapa porque vale a pena*. Se tiver dificuldades e não tiver como ter ajuda profissional (de um contador e/ou um advogado) procure o Sebrae. Lá você terá todo apoio, inclusive de cursos etc.

Falando em DINHEIRO

> *Na medida em que você cresce, aumentam as despesas, mas também os lucros. Entenda que fazer o dinheiro circular é fundamental. Dinheiro é energia: precisa ir e vir!*

Na Bíblia, em Timóteo (6:9 e 10), está escrito: *"Os que querem ficar ricos caem em tentação, em armadilhas e em muitos desejos descontrolados e nocivos, que levam os homens a mergulharem na ruína e na destruição, pois o amor ao dinheiro é raiz de todos os males. Algumas pessoas, por cobiçarem o dinheiro, desviaram-se da fé e se atormentaram a si mesmas com muitos sofrimentos.*

E foi dessa citação que se criou o conceito de que o dinheiro é um problema. Mas o dinheiro em si não é a raiz de todos os males. O uso que você faz dele e a maneira como busca ganhá-lo sim é que pode resumi-lo a isso.

Você precisa ser o senhor do seu dinheiro

, não deixar que ele o controle. Você é quem deve ter o domínio sobre ele. Esse é um ensinamento básico, você tenha ou não dinheiro.

É claro que é algo imprescindível em nossa cultura. Dependemos dele para nos sustentar, pagar o aluguel ou a parcela do carro ou do apartamento, manter em dia as contas de água e luz e adquirir outros produtos e serviços necessários à sobrevivência, fazer cursos etc.

E para obtê-lo, a maioria de nós precisa enfrentar longas jornadas de trabalho, fazer sacrifícios pessoais etc.

Mas como é possível fazer com que o dinheiro trabalhe para nós e não o contrário?

John Lennon e Paul McCartney estavam certos ao cantar: "I don't care too much for money/For money can't buy me love" (Não ligo muito para dinheiro, pois o dinheiro não pode comprar amor). E realmente não compra felicidade e muito menos sabedoria, pois, em geral, ela vem com a experiência de vida.

Chega um momento em que você precisa saber qual é a sua relação com o dinheiro. Como a instabilidade do mundo financeiro o afeta? Você é dono ou escravo dele?

E você sabe que essa coisa de dinheiro acaba sendo uma doença, né? O Dr. Roger Henderson, um pesquisador na área de saúde mental no Reino Unido, recentemente criou o termo "doença do dinheiro" para se referir a sintomas físicos e psicológicos apresentados por pessoas que ficam estressadas por causa do dinheiro.

Ele fez uma listinha que fica fácil identificar se você sofre dessa doença:

Você evita falar sobre sua situação financeira porque isso o deixa ansioso?

O dinheiro é o motivo de muitas discussões na família?

Você gasta de modo compulsivo?

Está sempre preocupado com as contas?

Não tem certeza de quanto ganha?

Não tem certeza de quanto gasta?

Não tem certeza de quanto deve?

Suas contas são mais altas do que imagina?

Sempre paga as contas com atraso?

Consegue pagar apenas a parcela mínima da fatura do cartão de crédito?

Paga as contas com o dinheiro destinado a outras coisas?

Faz trabalhos extras só para pagar as contas?

Faz novos empréstimos para pagar empréstimos antigos?

Usa as economias para pagar as contas rotineiras?

Acha quase impossível chegar ao fim do mês sem ter gastado todo o dinheiro?

Sente-se pressionado a juntar grandes quantias de dinheiro?

Apresenta sintomas físicos e/ou psicológicos por causa do estresse relacionado ao dinheiro?

SE VOCÊ TEM UM OU MAIS DESSES "SINTOMAS" DEVE PROCURAR AJUDA PSICOLÓGICA, ANTES DE BUSCAR QUALQUER AJUDA FINANCEIRA.

Talvez não tenha os sintomas da chamada doença do dinheiro. Mesmo assim, quer sejamos ricos, quer pobres, todos nós estamos sujeitos às consequências da preocupação com o dinheiro.

E você já se perguntou, verdadeiramente, por que estamos sempre querendo mais dinheiro?

A resposta é simples: porque estamos muito interessados naquilo que ele pode comprar.

É UM DESEJO CONSUMISTA.

E você viu lá atrás (se não lembra volte lá e releia), a diferença entre desejo e sonho.

OS DESEJOS SÃO VOLÁTEIS e, uma vez atendidos, deixam uma frustração, um vazio que precisa ser preenchido por outro desejo.

E assim, se deixamos que os desejos consumistas assumam o controle das nossas decisões, acabamos num turbilhão que não tem fim: compramos, gastamos, fazemos dívidas e, quando menos esperamos, estamos enfrentando problemas financeiros.

Uma parte significativa da população está nessa situação. A taxa de inadimplência (contas vencidas há mais de 90 dias) ao crédito do sistema financeiro no Brasil chegou a R$ 96,6 bilhões em 2018, segundo dados do Banco Central brasileiro.

A dívida a bancos, operadores de cartão de crédito, financeiras e leasing aflige metade (52%) dos brasileiros com "nome sujo" no Serviço de Proteção ao Crédito, o SPC Brasil. No final do ano 62,6 milhões de pessoas estavam "negativadas", equivalente à população da Itália conforme o Instituto Brasileiro de Geografia e Estatística (IBGE). E não são pessoas de uma classe social apenas. Essa situação atingiu trabalhadores de baixa renda, profissionais liberais (médicos, advogados, engenheiros, dentistas etc.) e até empresários.

Estou colocando essas informações para chamar a atenção para um detalhe: a maior causa dessa situação não é apenas porque o Brasil vivenciou uma crise financeira naquele ano, mas principalmente porque as pessoas administram mal suas finanças, gastam mais do que ganham e aí não conseguem pagar todas as contas. Ou seja, a má administração financeira não depende, necessariamente, do nível de renda, nem de estudo das pessoas, mas principalmente de maus hábitos.

Infelizmente, na nossa cultura, não é comum as pessoas planejarem os seus gastos. Ter cartão de crédito, cheques, fazer empréstimos (e está cada vez mais fácil e rápido isso) pode ser bacana e lhe dar a sensação de que você tem uma vida econômica estável, ou está "por cima da carne seca", como se diz por aí. Essa sensação o leva a comprar por impulso, às vezes até coisas que realmente nem precisava e depois é que pensará "como é que vou pagar isso?". Você compromete sua renda, o equilíbrio de suas contas vai embora, começa a atrasar tudo, a "fazer sorteio" (isso eu pago, isso não pago) no fim do mês e acaba ficando perturbado com a situação. O que pode (e geralmente acontece) prejudicar seu trabalho.

Por isso é muito importante, seja você quem for, mas principalmente sabendo que você é um empresário individual, que depende apenas de você e de seus esforços para ganhar dinheiro, ser organizado e ter controle sobre seu dinheiro.

AQUI VÃO ALGUMAS DICAS IMPORTANTES para você conseguir se controlar:

1) Faça um orçamento – É uma excelente ferramenta para administrar bem os gastos, de acordo com os rendimentos disponíveis. Seja num caderno ou num aplicativo de celular (tem vários bons e de graça), anote todos os ganhos, para saber, de fato, quanto se tem para gastar. Em seguida, pode se planejar e controlar todos os gastos, de modo que seja possível verificar para onde está indo o dinheiro.

2) Freie o seu impulso consumista – Nada de sair gastando por conta: "Ah, mês que vem vou receber X, então posso ir às compras." Não. Mesmo que você tenha dinheiro disponível, não significa que ele precisa ser gasto. Você precisa, antes, analisar e ter certeza de que o que comprará é realmente necessário. Porque geralmente compramos por impulso para satisfazer alguma outra necessidade. É igual comer quando se está ansioso. Você satisfaz o impulso por algum tempo (muito curto, diga-se), depois precisa de mais e mais.

Por isso, precisamos nos conscientizar e aprender a controlar esse "impulso", caso contrário, gastar mais do que ganhamos será frequente, e os problemas financeiros estarão presentes no dia a dia. Portanto, nunca compre por "impulso": aprenda a planejar os gastos.

Quer um exemplo? Anteriormente eu mostrei uma pesquisa do SCP Brasil que dizia que 52% dos brasileiros estavam endividados no fim de 2018. No mesmo período, uma outra pesquisa, essa da Confederação Nacional de Dirigentes Lojistas (CNDL), apontou que 59% dos brasileiros fizeram compras por impulso. Não tem como deixar de relacionar esses dois dados.

3) Evite ao máximo comprar a prazo, pois isso significa que está sendo gasto dinheiro que ainda não foi recebido, comprometendo a renda futura.

4) Jamais compre algo só para ostentar. Essa é uma das principais causas pelas quais as pessoas envolvem-se em dívidas, pois, comparando-se com os outros, acabam estabelecendo um estilo de vida acima do que a renda permite.

5) Quando estiver na frente daquela vitrine, pronto para entrar e comprar algo que você "necessita muito", faça a si mesmo as seguintes perguntas:

- É desejo ou necessidade?
- É realmente necessário e útil ou totalmente supérfluo?
- Já verifiquei a relação custo x benefício?
- Haverá despesa de manutenção? Posso suportar tal despesa?
- Quanto tempo preciso trabalhar para ganhar tal quantia?
- Os benefícios compensam o esforço que fiz para conseguir o valor do bem?
- Há algo mais importante onde devesse gastar (ou investir) este dinheiro?

Ter um controle financeiro pessoal é imprescindível para quem quer manter as contas em dia, ter uma relação saudável com o dinheiro, se manter longe dos juros do cartão, poder comprar as coisas que deseja e realmente necessita, além de ajudar a atingir seus objetivos de vida com maior facilidade.

E se você se lembrar que também é uma empresa, essa prática evita endividamentos desnecessários, possibilita mais investimentos e permite seu desenvolvimento em relação à concorrência.

Resumindo

1. Controle seus ganhos e gastos mensais.
2. Jamais gaste um valor maior do que você ganha.
3. Pense antes de comprar!
4. Tenha uma reserva de emergências.
5. Procure comprar sempre à vista!
6. Diminua ou elimine os gastos supérfluos.
7. Evite pegar crédito ou fazer empréstimos.

COLHA OS FRUTOS, *relaxe*

[A semente um dia germina. *Sonhe, planeje, execute com zelo.* O dia da colheita chega.]

O caminho para o sucesso, como você já deve ter percebido é cercado de trabalho, trabalho e muito trabalho. Como disse, nada acontece por acaso ou cai do céu. É preciso saber quem você é, aonde quer chegar, planejar e trabalhar duro.

O ideal é que o trabalho seja também uma fonte de prazer e satisfação, principalmente na área da beleza em que você trabalha com egos. Mas independentemente do que signifique o trabalho para você nesse momento de vida pessoal e profissional, é essencial que você estabeleça uma rotina saudável.

Se você dorme poucas horas por noite, não se encontra com amigos e/ou família fora do expediente, sofre algum abuso verbal, exerce mais funções que é capaz, perde qualidade de vida, então o trabalho deixa de fazer sentido.

TER UM COTIDIANO AGRADÁVEL, TER BONS RELACIONAMENTOS INTERPESSOAIS EM ÂMBITO PESSOAL E PROFISSIONAL, FAZER O QUE GOSTA, EXERCER SOMENTE UM CARGO, TER TEMPO HÁBIL PARA DORMIR A QUANTIDADE CERTA DE HORAS, TER UMA VIDA SOCIAL ENTRE OUTROS É O QUE DÁ SENTIDO À VIDA.

Afinal, quando se está em paz consigo mesmo, a concentração e a criatividade acontecem com mais facilidade. E, a partir daí, há mais produtividade.

Além disso, de que adianta trabalhar tanto se você não para colher os frutos, para desfrutar de seus ganhos, seus rendimentos, seu sucesso?

Aqui mesmo já falei que trabalhei de segunda a segunda no piloto automático, sem usufruir dos meus ganhos. Na minha cabeça só valia a pena gastar meu tempo e meu dinheiro na minha empresa.

Isso está errado!

A gente trabalha para ter qualidade de vida e acesso às coisas, não para ser escravo do trabalho.

É comum ouvirmos alguém falando **"tô na correria"**.

A gente tem a sensação de que está sempre atrasado, sem tempo, com pendências que deixamos para trás. Isso acumula, e a volta por cima fica cada vez mais complicada. Parece até que o dia ficou mais curto nos últimos anos, porque já não conseguimos mais dar conta de tudo em apenas 24 horas.

Esse acúmulo de funções e obrigações, essa "correria" uma hora afeta nosso organismo, leva a um esgotamento e até a doenças como estresse, depressão, diabetes e até câncer.

O MELHOR A FAZER É TIRAR O PÉ DO ACELERADOR E DEDICAR ALGUNS MOMENTOS DE SEU DIA A DIA A UM LAZER, UM HOBBY, ALGUÉM QUE TE DÊ PRAZER, QUE SEJA DIVERTIDO.

É difícil, eu sei. Essa preocupação com o trabalho e com a correria do dia a dia faz com que muitos imaginem que momentos de lazer são somente quando realmente saímos da rotina, viajamos, mas eles podem estar em todos os momentos do dia a dia. Para alguns, ele pode ser um descanso, uma mera válvula de escape, e para outros ele pode ser momento de construir boas relações, de adquirir conhecimento, fazer alguma coisa diferente.

Viajar é sempre uma ótima sugestão para desestressar, o tira do lugar-comum, da sua zona de conforto. Sempre que puder caia na estrada e aproveite ao máximo, conheça novos lugares, novos ares, saia da cidade que você conhece como a palma da sua mão. Às vezes um passeio à cidade vizinha, que você pode fazer numa tarde, já tem esse efeito desestressante.

Mas mesmo que você não possa viajar, se afastar do trabalho, tem algumas opções de atividades para o seu lazer, que você pode fazer diariamente e sem gastar muito:

1) **Fazer caminhada** – Caminhar é uma excelente atividade física, além de ajudar você a se desestressar. Por isso, antes ou depois do trabalho, pegue seu tênis, coloque roupas confortáveis, fones de ouvido com músicas que você goste e saia para caminhar.

2) **Ler livros** – Essa atividade, pelo que estou vendo, você até já adotou. Parabéns! Sentar-se num local tranquilo e ler um livro é muito bom para esquecer os problemas cotidianos, mergulhar em novas histórias e ajudar a mente a relaxar.

3) **Fazer happy hour** – Ir a bares ou restaurantes, encontrar os amigos, bater um papo, comer algo bom é uma ótima forma de se divertir e socializar ao mesmo tempo.

4) **Praticar atividades esportivas** – Além de relaxar a mente, praticar esportes é uma boa opção de lazer e de uma atividade física, o que é importante para sua saúde. Muitos esportes são praticados em equipe, o que ajuda a fazer novos amigos, além de poder incentivar amigos e familiares a participarem também. Ou então, você pode optar por esportes individuais, como a natação, corrida, musculação, entre outros.

5) **Fotografar** – A fotografia é uma das principais atividades de lazer dos brasileiros. Seja fotografando momentos em família, usando o celular, ou com câmeras mais sofisticadas, essa atividade é extremamente prazerosa e uma ótima opção para desestressar.

Ter atividades de lazer pode não apenas lhe trazer mais saúde, como dar mais longevidade. Pesquisadores suecos demonstraram na década de 1990 que pessoas que frequentavam eventos culturais ou tinham atividades recreativas vivem mais.

Os pesquisadores fizeram entrevistas com 3.800 voluntários, em intervalos de oito anos cada, e concluíram que 65% dos que tinham atividades regulares de lazer estavam mais saudáveis quando comparados àqueles mais sedentários.

Por tudo isso, o lazer tem sido levado cada vez mais a sério e é um investimento relativamente barato que pode trazer benefícios em várias dimensões da sua vida. Saúde é só uma delas.

A IMPORTÂNCIA DAS REDES SOCIAIS PARA O SEU NEGÓCIO

[Anos atrás, para ganhar visibilidade, você precisava investir alto em rádio, TV e outros veículos de mídia. *Atualmente, o maior meio de comunicação está disponível na sua mão, e de graça! Use essa arma poderosíssima a favor da sua empresa.*]

Já falei sobre como é importante ter a sua marca. Ela é o que o identifica nesse mercado tão competitivo e faz as pessoas o perceberem.

Essa construção de marca hoje em dia passa pelas mídias sociais, pela internet e pelo marketing digital. Você tem que dominar essas ferramentas se quiser construir uma carreira de destaque, se quiser ser um sucesso.

Hoje, segundo dados da empresa E-marketer, que mede a dimensão e a importância da internet, há mais de cem milhões de brasileiros conectados a redes como Facebook, Instagram e Twitter. Isso mostra o quanto é importante você promover o seu negócio nas redes sociais a partir de conteúdos que estimulem interações e compartilhamentos. Ao engajar sua empresa nesses canais, é possível captar novos clientes e conquistar novos mercados, aumentando não só o número de vendas, mas também sua autoridade perante a concorrência.

SÓ QUE VOCÊ TEM QUE SABER COMO CONDUZIR SUAS COISAS NESSE MUNDO, PORQUE DA MESMA MANEIRA COMO PODE SER UMA FERRAMENTA VALIOSA PARA O SUCESSO, PODE TAMBÉM SER UM BELO TIRO NO PÉ.

Uma dica que lhe dou é trabalhar sempre com imagens. Sejam vídeos (trarei um amigo para falar mais à frente) ou fotos, a imagem é tudo na mídia social. Mas cuidado com o que você posta. Quando eu trabalhava em salão, era muito raro eu postar foto de cliente, por exemplo. Isso porque a maquiagem que a gente faz na cliente nem sempre é a que será sucesso nas redes sociais.

Isso porque quando você faz uma maquiagem para uma cliente você tem que observar tudo aquilo que eu citei anteriormente, que é conhecer a pessoa, o mundo em ela vive, o que gosta etc., para saber que tipo de maquiagem se adequa a ela. E isso pode não render uma foto que seja boa, que vá fazer sucesso nas redes sociais.

Uma maquiagem muito leve pode dar um visual muito bom pessoalmente, mas na foto parece que não tem nada, então o que eu acho ideal: você tirar um dia do mês ou da semana, dependendo do seu ritmo de postagens, número de seguidores, essas coisas, para fazer maquiagens para fotos e vídeos. Porque aí você poderá trabalhar mais a sombra ou fazer um detalhe colorido que fica bonito na foto.

Outra vantagem em fazer maquiagens especiais para as postagens é que você pode carregar mais nos contrastes, para compensar a baixa resolução do celular. Porque a lente do celular, por melhor que seja, não capta aquele esfumado médio ou sutil e aí fazendo uma maquiagem especial para a captação de imagem, você pode carregar mais mesmo que não fique muito usável, mas você sabe que o efeito no vídeo e na foto será exatamente o que você precisa e que seus seguidores querem ver.

ENTÃO, APRENDA A USAR AS MÍDIAS SOCIAIS, O MARKETING DIGITAL A SEU FAVOR, PARA GANHAR VISIBILIDADE. MESMO QUE VOCÊ NÃO TENHA CONDIÇÕES DE INVESTIR EM CONTEÚDOS IMPULSIONADOS, VOCÊ PODE ATINGIR MILHARES DE PESSOAS MOSTRANDO SEU PRODUTO. SE PUDER IMPULSIONAR ENTÃO, ÓTIMO, PORQUE AÍ VOCÊ ATINGE SEU PÚBLICO DE UMA FORMA SIMPLES, RÁPIDA E SEGMENTADA, JÁ QUE A MAIORIA DAS REDES SOCIAIS PERMITE PERSONALIZAR O PÚBLICO A SER ATINGIDO CONFORME SUA LOCALIZAÇÃO, IDADE E PREFERÊNCIAS.

A partir do momento em que você consegue se tornar visível nas redes sociais e atinge potenciais clientes, você verá que isso resultará rapidamente num maior número de clientes, possibilitando que você crie produtos próprios e os coloque à venda, ampliando suas possibilidades de rendimentos. E isso sem forçar nada. É uma consequência natural, uma vez que o público online já está acostumado a comprar por meio das redes sociais e da internet.

Outro detalhe importante é a presença nas redes sociais, que é uma maneira de estreitar as relações com o público e participar do cotidiano de seus consumidores. Também é uma forma de conhecer as particularidades de seus clientes, identificando suas necessidades, hábitos, desejos, comportamentos e opiniões. Com esse conhecimento, você poderá descobrir quais características do seu produto ou serviço podem ser melhoradas para atender as expectativas do público. As informações também podem ser utilizadas para adequar as estratégias de conteúdo e criar um ambiente mais favorável ao diálogo direto.

OUTRA FONTE DE RENDAS QUE SE CONSEGUE UTILIZANDO ESSAS MÍDIAS, PRINCIPALMENTE DEPOIS QUE VOCÊ JÁ TEM UM NOME E UM NÚMERO CONSIDERÁVEL DE SEGUIDORES, É AGREGAR VALOR A OUTRAS MARCAS. AO POSTAR CONTEÚDOS COM LINKS OU BOTÕES QUE DIRECIONAM PARA ESSAS OUTRAS MARCAS, QUE PODEM SER SUAS CLIENTES, VOCÊ PODE CRIAR UMA BOLA DE NEVE, AUMENTANDO O TRÁFEGO DE VISITANTES E, CONSEQUENTEMENTE, AS TAXAS DE CONVERSÃO (QUE É QUANDO O VISITANTE EFETIVAMENTE COMPRA ALGO).

É como se um ajudasse o outro, entende? Você divulga a marca de um xampu, por exemplo (se a sua linha de produtos não tiver xampu). Seus seguidores vão comprar esse produto porque acreditam na sua imagem, na ideia de que se você está dizendo que é bom, é porque é bom (se você fez o dever de casa e construiu uma marca com credibilidade). No momento em que eles compram geram tráfego para a sua página e você ainda ganha uma comissão sobre a venda (se tiver um contrato assim com o fabricante).

E do outro lado, o produto também tem seus seguidores, seus clientes fiéis, que vão chegar até você ao verem que você usa e recomenda algo que ele já comprovaram que é bom. Essa troca é que faz o efeito bola de neve de que falei.

Para falar um pouco mais sobre essa construção de imagem, trago um texto do Bello Rodrigues que é o CEO da empresa Bello Produções, especialista em contar histórias, palestrante, com formação em coach, possui cursos online e é criador da metodologia EMOTION:

A arte de encantar, impactar e conectar pessoas por meio de vídeos emocionantes

Nos dias atuais o grande desafio dos empreendedores é fazer a sua marcar "morar na mente dos consumidores". Falando em termos mais técnicos, o empreendedor precisa é que sua marca esteja ativa na memória dos consumidores e que por meio de gatilhos do cotidiano da vida eles lembrem da sua empresa ou do seu produto. A grande questão é ganhar visibilidade e ser lembrado. Esse é o pulo do gato!

Sei que existem ideias em sua cabeça para o seu negócio. Você precisa mostrá-las ao mundo. Seu negócio precisa emocionar e impactar pessoas. E como fazer isso? Através das produções audiovisuais, dos vídeos, podemos mostrar que aquilo que você faz é capaz de emocionar, transformar, encantar… impactar! O filme propaga ideias, produtos e fatos. A arte do cinema atrai olhares e corações. Influencia decisões e fomenta opiniões.

Vídeos atingem as pessoas no nível emocional! Geralmente, vídeos conseguem entreter os consumidores de maneira leve e positiva. E, é claro, a emoção não fica de fora.

O vídeo se tornou hoje a **NOVA ESCRITA DO MARKETING.**

Você sabia que 65% de todo o tráfego da internet já é no formato de vídeos?

Você sabia que, no Brasil, mais de 40% da população online assiste vídeos diariamente?

Você sabia que 25% dos brasileiros que têm acesso à internet já assistem mais vídeos do que TV?

Você tem ideia de que o YouTube tem mais de 1 bilhão de usuários que acessam esta plataforma todo o mês?

Você sabia que a cada minuto são incluídas mais de 400 horas de vídeos só no YouTube?

Nesses últimos dias quantos vídeos você já assistiu?

Segundo pesquisa da Forrester Research, três a cada cinco consumidores gastam pelo menos dois minutos assistindo a um vídeo que informa sobre um produto que ela está interessada em comprar. Em um levantamento, 52% dos consumidores responderam que um vídeo ajuda a tomar a decisão de compra.

Consegui convencê-lo a fazer vídeos? Ainda não? **Então deixa eu lhe contar uma história...**

Beloin nasceu em uma família muito humilde, era um garoto franzino, a altura nunca foi seu maior atributo, com uma mãe atriz e um pai diretor de teatro ele queria era ser artista, um ator de novela, e não podia ser diferente.

Sua grande paixão era uma TV preto e branca da época, pois isso o fazia ficar imaginando a sua vida de ator de sucesso e, enquanto seu sonho não se tornava realidade, ele fazia figuração nas peças teatrais dos seus pais e ensaiava na rua encenações com seus amigos.

Uma brincadeira que gostava muito de fazer era fingir ser dublê de cinema e se jogava da bicicleta em "alta" velocidade no chão, talvez por isso ele tenha chorado quando adulto ao ver uma encenação no Hollywood Studios na Disney, mas isso é uma outra história. Bom, o tempo passou e veio a separação de seus pais, mudanças de escola, de bairro e muitos dos seus sonhos foram indo por água abaixo e talvez por isso decidiu trabalhar cedo para ter sua própria grana aos doze anos e mal sabia ele que já possuía o DNA de um empreendedor.

Mesmo com muitas mudanças e dificuldades o sonho ainda estava na sua cabeça, ser ator de novela. Aos catorze anos apareceu uma oportunidade que veio a mudar a sua vida: **ele passou a trabalhar em uma produtora de vídeo como office boy,** *depois passou a auxiliar do cinegrafista nas coberturas de casamento e,* então, ele se apaixonou por estar por trás das câmeras, percebeu de cara que era seu propósito, pois quase morava lá dentro da empresa de tão empolgado que era. *Cresceu naquela produtora, virou editor, cinegrafista e depois se tornou sócio em um dos serviços da empresa. Mas a vontade de desenvolver novas ideias, de criar algo novo, eram barradas pelo proprietário e isso o fez sair e abrir sua própria produtora, com a sua identidade.*

O começo não foi fácil, pedia equipamentos emprestados, carros dos tios para ir aos eventos, pois teve que vender seu carro para começar o negócio, visitava os clientes de moto-táxi, porém com um ano a empresa já estava sendo muito procurada, pois ele contava com muita emoção as histórias de amor dos noivos, conseguia em seus vídeos mostrar a emoção do grande dia, dos casamentos às festas de 15 anos.

A emoção colocada em seus vídeos o levou a ser reconhecido no Ceará como o melhor videomaker da região.

Só que nosso pequeno grande empreendedor, ao colocar um novo produto no mercado, em 2010, não teve tanto sucesso e isso levou a sua empresa de quase 400 m² e seus 26 funcionários a se reduzir a 9 m² de um quarto em sua casa e apenas 1 funcionário.

Isso mesmo, ele "quase" fracassou! Mas como toda boa história, nosso pequeno grande homem se levantou após aquele forte nocaute e em menos de quatro anos ele foi reconhecido como um dos melhores videomakers de casamento do Brasil e a partir daí começou a fazer trabalhos nos EUA, França e Portugal e em 2017 ele criou um método chamado EMOTION, o qual usa em suas produções audiovisuais para eventos sociais e corporativos nos dias atuais.

Ele deu a volta por cima!!

Mas a vida é cheia de surpresa, não é mesmo?

Sabe aquele sonho de ser ator quando pequeno? E não é que ele conseguiu ser o ator? Mais um desafio...

Com as mudanças atuais do marketing moderno, com o marketing digital, as empresas precisam gerar conteúdos, precisam se humanizar, precisam se destacar, mostrar sua visão, seus valores... Hoje é preciso fazer vídeos. Beloin se tornou o ator! Ele teve que sair detrás das câmeras e vir à frente delas, pois seu negócio precisava aparecer, seus diferenciais precisavam ser reconhecidos por todos. O mercado pedia um rosto, uma pessoa, sua empresa precisava ser humanizada! A chance dele então surgiu, ele finalmente conseguiu ser ator!

Beloin é conhecido por todos como Bello. Beloin sou eu!

Sabe por que lhe contei essa história? Porque se você ainda não começou a fazer vídeos ou não sabe o que falar nos vídeos, e isso é um obstáculo para você, que está o impedindo de alavancar seus negócios, eu quero lhe dizer que minha primeira dica é: conte histórias!

Conte sua história, a história da sua empresa, a história do seu produto e coloque em tudo o demarcador de presença, a emoção, afinal de contas, no mundo atual, não basta existir, é preciso marcar presença.

A emoção é o realce por excelência!

Um dos motivos que eu indico começar pela sua história, já é a primeira dica, porque é importante falar daquilo que você domina. Pois lhe dará mais segurança e autoridade.

Por meio do Storytelling (arte de contar histórias) você pode também motivar seus funcionários, além de fortalecer a imagem dos produtos e, enfim, conectar emocionalmente pessoas à sua marca, e é claro, pessoas à sua causa.

Essa arte de contar histórias remonta desde a época dos homens mais primitivos que contavam seus feitos desenhando nas rochas. Cristo contava parábolas. Todos nós gostamos de contar e ouvir boas histórias.

Inclua nas suas histórias personagens fortes que o ajudaram, fatos da vida que foram difíceis e que sabemos que todas as pessoas também passam, seja verdadeiro (a audiência ama ouvir histórias com dificuldades e que são superadas e têm um final feliz). Tipo: do medo à esperança, da empatia à simpatia, da inação à ação, dos sonhos aos objetivos, dos conflitos às soluções, de "não saber" ao saber e outros, não se prendendo só a coisas da pobreza à riqueza.

Não se esqueça, as histórias servem para tocar, emocionar e, principalmente, serem guardadas na memória. Uma boa história jamais envelhece e pode ser sempre recontada por qualquer pessoa, independentemente da idade que tenha.

Eita! Beleza! E agora?

Não sei falar, não gosto da minha imagem na câmera, minha voz é horrível! Blá-blá-blá!

Esqueça tudo isso e aprenda agora algumas dicas para tirar a timidez e ir em frente.

1. Escreva um roteiro com começo, meio e fim para *você saber direitinho o que dizer, pois lhe dará segurança, não o deixará se perder ao contar a sua história.*

2. No teatro se utiliza a ferramenta de entrar em um *personagem, escolha um e faça de conta que é ele, isso até você encontrar o seu verdadeiro personagem da sua própria vida.*

3. Refaça quantas vezes quiser até ter a certeza que *está do jeito que você gosta. Olha só, os meus primeiros oito vídeos fo-*

ram para o lixo, é verdade, mesmo dirigindo milhares de pessoas, meus primeiros vídeos foram horríveis, mas tome cuidado para não ser muito cri-cri, de não gostar de nada nunca, aí entra a próxima dica.

4. Pergunte a quem você sabe que é sincero se está bom e onde pode melhorar. No começo é assim, muito exercício, depois a coisa se desenrola com naturalidade.

5. Relaxe, pois temos o recurso de edição, com ele a gente tira um montão de defeitos e acrescentamos músicas, efeitos e artifícios para deixar o vídeo mais interessante.

6. E última dica, fazer um exercício físico antes de gravar, isso ativa adrenalina e o encoraja a gravar com mais facilidade. Pode acreditar, funciona mesmo!

Agora beleza!

Estou pronto, com o que gravo? Ou com quem eu gravo? Devo contratar uma produtora?

Se você tiver recursos, sim, pois afinal de contas uma produtora é especialista em contar histórias, editar com qualidade e emoção, mas se não tiver recursos suficientes no momento, fica tranquilo! Você deve usar o que tem, seu celular, seu tablet, um câmera semiprofissional, o importante é começar.

Vamos às dicas de como gravar:

1. Procure um tripé ou algum artifício que deixe a câmera estável, pois queremos chamar atenção para a história e não para a tremedeira da câmera ou celular.

2. *Cenário: procure algo mais limpo possível com poucas coisas ao fundo, algo que não tire a atenção das pessoas ao seu conteúdo.*

3. *Não grave com uma janela ou uma porta que mostre muita luz atrás de você, pois a luz ofuscante atrairá atenção e muitas vezes o equipamento não corrigirá a luminosidade da forma adequada para o seu vídeo.*

4. *Não grave muito próximo a paredes, pois pode gerar sombras inconvenientes e pregar a sua imagem ao fundo.*

5. *Utilize as fontes de luz disponíveis sempre a favor da sua gravação, iluminando a pessoa a ser gravada de forma frontal e homogênea. Se possível, comprar luzes apropriadas para essas gravações.*

6. *Lembre-se que o áudio é muito importante, se não for o mais, pois a comunicação, o conteúdo tem que chegar com excelência ao receptor. Existem microfones de lapela a um custo bem acessível que podem ser ligados ao seu telefone ou à sua câmera de filmagem e que farão toda a diferença nos seus filmes.*

7. *Cuidado com o enquadramento do seu vídeo, isso é como você aparece dentro da telinha do filme, não deixe espaços grandes entre sua cabeça e o limite da moldura do vídeo. Se você é uma pessoa que gesticula muito, deixe seus gestos aparecerem, pois eles falam também, não corte essas ações.*

8. *Edição, hoje temos milhares de editores de vídeo para celulares e computadores, muitos fáceis de usar e com eles você pode deixar só o que importa do seu vídeo. Lembre-se que o menos é mais, tire as gorduras que não fazem sentido no seu trabalho final.*

Anotou? Aqueles que querem tornar sua empresa uma memória viva na mente dos consumidores possuem nos vídeos uma ótima ferramenta. É tempo de sair da caixa e quebrar limites. É tempo de alcançar novos horizontes. Você está preparado?

Eu o convido a elevar sua marca a um novo nível.
O nível de memória inesquecível.

Como vender seu *peixe*

[Conheça cada detalhe *do produto ou serviço que você vende.* Falar dele com propriedade é fundamental para gerar venda.]

Sabe o que eu estou fazendo com você nesse momento? Estou lhe vendendo meu peixe. E ao mesmo tempo estou lhe mostrando como você deve fazer para também vender o seu peixe. No mundo do empreendedorismo, cada dono de negócio possui uma história que o torna único, mas muitos empreendedores cometem um erro comum: não conseguem compartilhar as suas experiências e acabam falhando na missão de "vender o seu peixe" para pessoas interessadas no seu empreendimento.

Aí você pode pensar: "Ah, mas eu não estou buscando investidores, nem tenho um empreendimento. Por que vou me preocupar com isso?"

E é aí que você se engana. Seu empreendimento é a sua empresa. Como venho dizendo desde o começo, se você é um profissional da beleza e trabalha num salão, numa esmalteria, enfim, num estabelecimento do setor, qualquer que seja, e se você é autônomo, você é uma empresa.

E se você é uma empresa, precisa se comunicar.

Quem não se comunica, SE ESTRUMBICA,

já dizia o Chacrinha (apresentador de televisão Abelardo Barbosa). Para que você tenha uma comunicação correta e assertiva, é preciso dominar algumas técnicas e ferramentas.

Primeiro observe que comunicação não é apenas o falar. Segundo um estudo do professor Albert Mehrabian, publicado no livro *Silent Messages*, a comunicação segue uma fórmula chamada 7-38-55. Segundo essa "regra", só 7% da comunicação seria passada pelo que você fala, 38% da comunicação está no tom de voz e 55% é expressado pelas expressões faciais e corporais, o que inclui os gestos, maneira de se vestir etc.

Por isso, cuidados básicos como a forma de se vestir, a apresentação pessoal e o comportamento no ambiente de trabalho podem fazer toda a diferença para uma carreira de sucesso, com um bom reconhecimento profissional. Mais do que simplesmente regras de etiqueta, o marketing pessoal segue a mesma lógica aplicada à concepção de um produto, que precisa fazer sucesso.

Quando você se apresenta a alguém, seja num evento ou no seu currículo, se costuma descrever o que faz, ou no que você é profissional, deve se lembrar que, como você, tem milhares de profissionais iguais atuando no mesmo mercado. Para se destacar, você precisa descrever o que tem a mais a oferecer. Desta forma as chances de ser lembrado, indicado ou escolhido na hora de prestar um serviço são maiores.

E por se "descrever" não entenda que é o falar, "ah, eu sou assim", "eu gosto ou desgosto disso ou daquilo". Nem se trata de uma apresentação formal, do tipo "eu sou maquiador" ou "eu sou cabeleireira". Você se descreve na maneira de se vestir, de falar, de se comportar. E essa mensagem tem que ser entendida pelos outros de forma clara e objetiva.

Lembre-se que você é uma empresa, MAS TAMBÉM É O PRODUTO DESSA EMPRESA.

E quando você compra um produto, você tem o conhecimento técnico para avaliar as diferenças entre um ou outro? Tem os dados que explicam por que um é melhor ou mais caro que outro? Geralmente não temos essas informações, por isso tomamos decisões usando critérios subjetivos.

Compramos baseados em indicações de amigos, porque todo mundo está usando, pela marca ou porque achamos que o mais caro é melhor.

O mesmo acontece com os profissionais. Você é escolhido exatamente da mesma maneira e pelos mesmos critérios.

Quando você se comunica, a sua proposta de valor precisa entregar referências que ajudem a desenhar na mente da outra pessoa o porquê você deve ser escolhido, dentre tantos outros.

Além do visual, do comportamento, modo de falar etc., a sua comunicação verbal é extremamente importante. Aliás, determinante, mesmo representando apenas 7% de todo o processo. A questão é que apesar de ser breve, o que vale, quando você se apresenta é apenas o inicial.

Quer um exemplo? Você vai à escola conhecer a professora do seu filho. Chegando lá é recebido por uma pessoa extremamente malvestida, ou suja, com os cabelos desgrenhados etc. O que você pensará a respeito dessa pessoa? Pode ser a melhor professora do mundo, que a imagem dela já derruba tudo.

Aí você se apresenta e, na conversa inicial, ela solta um "pobrema". Pronto! Acabou, você certamente vai tirar seu filho dessa escola.

Ou então você vai fazer as unhas com uma manicure que tem as mãos malcuidadas, as unhas mal feitas, mal pintadas...

Esses detalhes são valores que indicam a qualidade do produto. É a embalagem.

Se você é o produto, VOCÊ TAMBÉM é a embalagem.

Estudos da Associação Brasileira de Embalagens (ABRE) apontam que as marcas têm apenas três segundos para atrair a atenção do consumidor nas gôndolas do supermercado. Se a informação passada for assertiva, a possibilidade de compra é de 85%.

É a imagem da professora. Ela pode ser a melhor professora do mundo, mas a imagem que a embalagem dela lhe passou naqueles três segundos iniciais foram fatais.

Sempre e em todo lugar devemos comunicar os benefícios que oferecemos. Seja na fila do supermercado, no elevador, num evento ou no nosso local de trabalho, precisamos ter nossa proposta de valor clara e pronta para ser entregue. Assim você vende seu peixe rapidamente, enquanto ele está fresco.

Comece criando uma
IDENTIDADE VISUAL

Talvez nem todo mundo saiba meu nome, mas todo mundo lembra do meu rosto. Prazer, Agustin Fernandez.

Mas o que estou lhe mostrando não é apenas uma foto minha, mas um conjunto de elementos de design que representam e tornam única uma marca, isso é um conceito de identidade visual.

Didaticamente, identidade visual é um "CONJUNTO DE ELEMENTOS FORMAIS QUE REPRESENTAM DE FORMA SISTEMATIZADA UM NOME, UMA IDEIA, UM PRODUTO, UMA EMPRESA, UMA INSTITUIÇÃO OU SERVIÇO".

Ou seja, um elemento gráfico, uma imagem, que, de forma simples e clara, transmite uma ideia.

Agora pense na importância de uma identidade visual para sua empresa (que é você mesmo) e para os clientes.

Imagine um mundo onde absolutamente todos os produtos não tivessem uma padronização, um rótulo diferenciado, uma embalagem característica daquele produto, uma rede de supermercado sem suas cores padrões, sem logotipo, sem um letreiro em frente dizendo qual tipo de estabelecimento é aquele.

Você não saberia exatamente o que está comprando e onde está comprando. Portanto, ter esse conjunto de elementos que representam cada marca, cada empresa, cada estabelecimento é essencial para a sobrevivência dos negócios.

Para montar uma identidade visual bem planejada, antes de mais nada você precisa se conhecer, conhecer o seu produto e o seu potencial de venda no mercado.

Lembre-se que é conceitual e que o design e o marketing estão interligados nesse processo.

Tudo o que eu já falei sobre como você é uma empresa, como deve se organizar, como deve se portar, que tipo de empresa você é, que produto você vende, qual mensagem você enquanto empresa deseja passar ao consumidor, seu posicionamento no mercado, a imagem perante o público, objetivos, foco, missão etc., tudo se aplica agora, na construção dessa marca.

Sua aparência é importante. Seu local de atendimento em primeiro lugar é você!

Para completar, além da imagem, cuide de como você se comporta porque essa é a vitrine da sua loja.

Veja a seguir uma matéria do site cabeleireiros.com que recomendo muito, e que fala sobre a importância desse comportamento, aliada à construção da imagem que é a sua marca.

Como o profissional da beleza deve se comportar?

"Imagem pessoal não é frescura, é chave para o sucesso". A declaração de Silvana Lages, consultora de imagem, postura e comportamento profissional abre o debate sobre os cuidados que precisamos ter para que nossa imagem represente o que somos e o que queremos ser.

E apesar de ser possível aprimorar a imagem pessoal por conta própria, contar com a ajuda de profissionais da beleza como cabeleireiros, maquiadores e esteticistas pode fazer a diferença.

Sabendo disso, Silvana decidiu analisar a imagem desses profissionais. Como eles se preparam, como se comportam, como levam seu dia a dia no universo da beleza... afinal, para levar os cuidados com a imagem dos outros a sério é preci-

so, também, atentar-se à própria. "Só podemos vender o que está sobrando em nós. Eles vendem beleza e como vão convencer as pessoas que são bons se não conseguem cuidar de si mesmo?", indaga.

Erros comuns

Silvana aponta alguns erros comuns dentro dos espaços destinados a cuidar da beleza das pessoas. "Dentro de um salão o profissional deve apresentar uma aparência que passe confiança ao cliente. Erro grande é a cabeleireira achar que deve cuidar somente do cabelo dela, a maquiadora da maquiagem, a manicure das unhas. Tudo tem que estar em harmonia, assim o cliente se sente atraído e deposita a confiança no trabalhos desses profissionais", comenta.

A especialista argumenta que a concorrência é cada dia maior, assim como a busca pela beleza também. "As pessoas querem se cuidar, mas também querem fazer do momento que estão se cuidando especial, agradável, relaxante e, para isso, é fundamental estar em um ambiente agradável, com pessoas confiáveis, bem cuidadas e com postura elegante e sóbria", destaca.

O profissional da beleza é alguém que as pessoas sempre querem por perto. Aquela dica valiosa, aquela opinião certeira, tudo está diretamente ligado com a autoestima. "Quem cuida da nossa beleza tem extrema importância e reflete nas nossas atitudes do dia a dia. A confiança cresce e, com ela, a aceitação e a credibilidade", afirma.

DICAS
para aprimorar a
IMAGEM

Silvana Lages sugere que os profissionais da beleza sigam as dicas abaixo para aprimorar a sua própria imagem e, assim, conquistar mais clientes, fidelizar os atuais e alcançar o sucesso:

1) Busque se conhecer – Olhe para o espelho e se enxergue como você realmente é. Ao fazer essa autoanálise você terá a noção exata do que fica bem para você, além de conseguir fazer escolhas mais assertivas.

2) Saiba o que você almeja – Tenha seus objetivos profissionais muito claros. Saiba o tipo de profissional que é, como as pessoas o enxergam e como quer ser percebido por elas. Assim, fica mais fácil traçar o caminho para chegar aos seus objetivos e definir como você deve se comportar para chegar ao "destino desejado".

3) Analise se a sua imagem pessoal corresponde com o seu conhecimento – A relação entre embalagem e conteúdo deve ser equilibrada. Você não pode, nem deve, vender uma imagem do que não é, porque assim não conquistará credibilidade junto aos outros.

4) Esteja aberto a mudanças – Imagem não é algo estático, precisa ser adaptada o tempo todo, seguindo as mudanças que acontecem em sua vida: em casa, no trabalho, nos objetivos profissionais e pessoais etc. Tudo isso demanda mudança na sua imagem pessoal.

5) Nunca relaxe – Às vezes o profissional cai no comodismo – ou porque já chegou a determinado cargo ou porque acha que as pessoas não reparam mais nele – e acaba deixando de lado preocupações essenciais para o sucesso. Nunca descuide da sua imagem, afinal você pode servir de exemplo para outras pessoas e deve continuar se valendo das ferramentas que lhe levaram ao sucesso.

6) *Mantenha a alegria e a positividade* – Não adianta adequar a imagem e a postura e se fechar para os outros, cultivando o pessimismo. O foco é o equilíbrio! E o otimismo traz as pessoas para mais perto de você.

7) *Nunca se esqueça de sorrir* – Sorria e abuse das palavras mágicas "obrigado", "desculpa", "por favor", "com licença" etc. Essas simples ações abrirão portas e contarão pontos na avaliação que os outros farão da sua imagem pessoal.

São boas dicas que vão ajudar você a construir a empresa e a vender o seu peixe.

Dicas valiosas
PARA TODA A
VIDA

[Acredito que tudo na vida tem um sentido que, muitas vezes, só nós mesmos entendemos. No entanto, não fique procurando um sentido em tudo: isso pode gerar em você uma crise existencial desnecessária. **OS ALTOS E BAIXOS EXISTEM E SIMPLESMENTE ACONTECEM!**]

Agora, permita-se

> **Você trabalha de segunda a segunda, de manhã à noite e às vezes não se permite ter um momento de lazer, se dar um presente, um conforto.**

Eu mesmo, tem anos que venho trabalhando de segunda a segunda no piloto automático, mas na hora de usufruir dos meus ganhos eu me sentia meio culpado. Na minha cabeça só valia a pena gastar meu tempo e meu dinheiro na minha empresa. Todo mês invisto em produtos novos, estrutura etc., mas me exigia economia na vida pessoal ao ponto de entrar numa loja e deixar de comprar algo que eu queria muito por achar que estava "jogando fora" meu dinheiro. Isso está errado! A gente trabalha para ter qualidade de vida e acesso às coisas, não para ser escravo do nosso trabalho.

O QUE ME DIFERE DAQUELE AGUSTIN É O CONHECIMENTO QUE EU ADQUIRI AO LONGO DESSE CAMINHO.

Para finalizar vou enumerar aqui algumas mensagens que coloquei ao longo do livro e que espero que você tenha entendido e que possa aplicar na sua vida, na sua história, na construção de seu eu profissional, de sua marca e de sua empresa.

Antes de mais nada, persevere, não olhe para as dificuldades e nem perca tempo com "mimimi". Saiba que quanto maior o sacrifício, maior será a vitória. Você foi feito para vencer e vencer só depende de você. **Então...**

Nunca...

...Perca tempo com as pessoas erradas. A vida é muito curta para perder tempo com pessoas que sugam a sua alegria para fora de você. Se alguém quer você em sua vida, ele criará espaço para você.

...Fique com alguém que subestima o seu valor. E lembre-se, seus verdadeiros amigos não são as pessoas que estão ao seu lado quando você está vivendo seus melhores dias, mas sim aqueles que permanecem mesmo nos piores momentos.

...Fuja dos seus problemas, encare-os. Não, não será fácil, mas você pode e vencerá. Seja um problema financeiro ou amoroso, seja uma dificuldade física, uma doença, uma decepção. Tudo é superável e ninguém no mundo sai ileso de uma pancada. A vida nos testa todos os dias, mas devemos encarar problemas, aprender, nos adaptar, e resolvê-los ao longo do tempo. Isso é o que efetivamente nos molda na pessoa que nos tornamos.

...Minta para si mesmo. Você pode (mas não deve) mentir para qualquer outra pessoa no mundo, mas não para si mesmo. Nossas vidas melhoram apenas quando arriscamos encarar as oportunidades, e a primeira e mais difícil das que podemos encarar é sermos honestos conosco mesmos.

...Coloque suas necessidades em segundo plano. Corra atrás de sua paixão, dos seus desejos, de seus objetivos, de seus sonhos. Faça o que realmente importa para você mesmo porque ninguém o fará.

...Tente ser alguém que você não é. Um dos maiores desafios na vida é ser você mesmo em um mundo que tenta fazê-lo igual a todos os outros. Alguém sempre será mais bonito, alguém sempre será mais esperto, alguém sempre será mais jovem, mas eles jamais serão você. Não mude para que os outros passem a gostar de você. Seja você mesmo, lembre-se que essa é a sua marca e as pessoas certas vão amar quem você é de verdade.

...Se apegue ao passado. O que passou, passou, não volta mais e mesmo que você reviva a mesma cena, ela jamais terá o mesmo sabor. Além disso, você não pode iniciar o próximo capítulo da sua vida se continua relendo o anterior.

...Tenha medo de cometer erros, A vida é feita de erros e acertos. Fazer algo e falhar é muito mais produtivo e enriquecedor do que não fazer nada. Todo sucesso deixa uma trilha de falhas atrás de si, e cada falha é um passo rumo ao sucesso. Você acaba se arrependendo muito mais das coisas que não fez, do que daquelas que fez.

...Se arrependa dos enganos e das desilusões. Nós podemos amar a pessoa errada e chorar por coisas erradas, mas não importa o quanto sejam erradas, uma coisa é certa, os enganos nos ajudam a encontrar a pessoa e as coisas que são certas para nós.

...Procure a felicidade exclusivamente nos outros. A felicidade não é algo perene, um objetivo que se alcança. Se você não está feliz com quem você é por dentro, muito menos será feliz em um relacionamento de longo prazo com quem quer que seja. Você precisa criar estabilidade na própria vida em primeiro lugar, antes que possa compartilhá-la com mais alguém.

...Pense demais e comece a agir. Pensar demais pode levá-lo a criar um problema que nem existia. Avalie as situações e tome ações decisivas. Você não pode mudar o que se recusa a encarar. Progredir envolve assumir riscos.

...Faça nada sem pensar. Tomar decisões por impulso quase sempre o levam ao fracasso. Planeje, organize-se, tenha metas e objetivos, sempre e você verá a força que isso terá em sua vida.

...Pense que você não está pronto. Você nasceu pronto! Às vezes temos essa sensação porque as mais grandiosas oportunidades na vida surgem no contrapé, quando menos estamos esperando, nos forçando crescer além das nossas zonas de conforto.

...Fique parado em sua zona de conforto. O colinho da mamãe sem dúvidas é uma delícia, mas você precisa bater asas e voar se quiser ser uma pessoa plena e feliz.

...Se envolva em um relacionamento pelas razões erradas. É claro que o amor surge de onde e quando menos se espera, mas transformá-lo num relacionamento é uma outra história. Às vezes (aliás, na maioria das vezes), é melhor estar sozinho que mal acompanhado. Não tenha pressa. No tempo certo, a pessoa certa o encontrará e você saberá disso no instante em que seus olhos se cruzarem.

...Deixe de viver novas relações porque as antigas não funcionaram. Na vida você perceberá que existe um propósito em conhecer cada pessoa que você conhece. Alguns testarão você, outros o usarão, e outros o ensinarão. Mas, o que é mais importante, alguns despertarão o que há de melhor em você.

...Preocupe-se com o que os outros fazem melhor do que você. Concentre-se em bater os seus próprios recordes todos os dias. O sucesso é uma batalha travada apenas entre você e você mesmo.

...Tenha inveja dos outros. Também não caia nessa conversa de inveja boa ou má. A inveja é sempre um sentimento ruim e destrutivo, mesmo quando disfarçado de algo bom. Faça o seu trabalho da melhor maneira que puder, estude, se prepare e deixe que o outro seja feliz da maneira dele, com as conquistas dele.

...Fique com "mimimi", com reclamações ou murmurações pelos cantos. Reclamar geralmente é uma característica de quem está insatisfeito com alguma situação. Então, em vez de sair falando para as pessoas sobre essa insatisfação, localize o problema e o resolva. Se você está num salão, por exemplo, que não gosta, lembre-se que segundo o Sebrae há mais de seiscentos mil salões de beleza abertos no Brasil. Num deles você será feliz.

...Tenha pena de si mesmo. Os problemas surgem em nossa vida por um motivo: para mudar o seu caminho em direção a seu destino. Você pode não ver ou entender tudo no momento em que isso acontece, e pode ser difícil, mas lembre-se de quantos limões a vida lhe jogou e com quantos você fez limonadas.

...Guarde rancor. Perdoe sempre. Viver com ódio no coração acaba lhe machucando muito mais do que as pessoas que você odeia. Perdoar não é dizer "o que você fez de errado comigo não tem importância", é dizer "eu não vou permitir que o que você fez comigo seja a ruína eterna da minha felicidade". Perdoar é a resposta... desapegue, encontre paz e liberte-se! E lembre-se, o perdão não é apenas para as outras pessoas, é para si mesmo também. E você deve perdoar-se, seguir em frente e tentar fazer melhor na próxima vez.

...Deixe que pessoas negativas o puxem para baixo ou o rebaixem ao nível deles. Como dizem os ingleses: mantenha a fleuma! Recuse-se a baixar os seus padrões de qualidade para acomodar aqueles que se recusam a elevar os deles.

...Faça as mesmas coisas de novo, novamente, outra vez, da mesma maneira. Se você continuar insistindo no que está fazendo, continuará obtendo o mesmo resultado. Às vezes, você precisa se distanciar um pouco para ver as coisas mais claramente. Pare, olhe, escute... Talvez o trem esteja vindo e você pode ser atropelado.

...Fique tentando alcançar a perfeição. Seja perfeccionista em seu trabalho, mas de uma forma positiva, que busque fazer tudo da melhor maneira possível. Mas jamais fique preso a essa busca porque nada é perfeito nesse mundo. Aliás, o perfeccionismo é um dos sintomas do Transtorno Obsessivo Compulsivo (TOC). Cuidado, você pode estar doente, achando que é perfeccionista.

...Busque o caminho do menor esforço. A vida não é fácil, especialmente quando você planeja alcançar algo de valor. Não pegue o caminho mais fácil. Faça algo extraordinário.

...Aja como se tudo estivesse bem, quando não está. Você não precisa fingir que é mais forte do que realmente é, porque se preocupa com o que os outros vão pensar. Chore! Chorar faz bem para a pele, como se diz popularmente.

...**Culpe** os outros pelos seus próprios problemas. Assuma a responsabilidade pela sua própria vida. Quando você culpa os outros pelo que você está passando, dá a eles um poder sobre sua vida que verdadeiramente eles não têm. É como achar que na praia só chove quando você vai...

...**Tente** ser tudo para todos ao mesmo tempo, isso é impossível. Concentre-se em fazer uma pessoa sorrir e mudará o mundo dela. Tente agradar todo mundo o tempo todo e você não agradará ninguém, além de perder sua personalidade.

...**Se preocupe** demais. A preocupação provoca rugas e não muda os problemas. Aliás, preocupar-se apenas estraga o seu dia ou pior, sua noite. Um bom exercício para se livrar de uma preocupação é imaginar a importância dela no futuro: "Isso importará daqui a um ano? Três anos? Cinco anos?". Se não, então não é nada que valha o esforço de preocupar-se.

Comece a...

...**Focar** naquilo que você quer que aconteça. O pensamento positivo impulsiona o mundo. Se você acordar toda manhã com o pensamento de que algo maravilhoso acontecerá na sua vida hoje, e prestar muita atenção, com frequência descobrirá que tem razão.

...**Ter fé** e confiança. Não tropece em seus obstáculos e use-os como trampolim.

...**Dedicar** mais tempo a quem você gosta. Por mais que você possa ser rodeado de amigos, colegas, membros da família etc., há aquelas pessoas que realmente você gosta de estar junto, que possuem uma companhia agradável e que mudam o seu dia, fazendo-o mais feliz. Essas pessoas fazem o seu dia valer a pena, modificam seu humor para melhor fazem com que os problemas sejam colocados em segundo plano.

...Enfrentar os problemas de cabeça erguida. Não são os seus problemas que definem quem você é, mas sim a maneira como você reage a eles, enfrenta-os e aprende com eles. Os problemas não desaparecerão nem se resolverão a não ser que você tome uma atitude e decida enfrentá-los com postura. Faça o que você pode, quando pode, e reconheça o que você aprendeu após o problema ter passado. É tudo uma questão de ir passo por passo à sua maneira.

...Ser honesto com você. Reconheça o que é preciso para modificar algo que não está bem. Acredite naquilo que você realmente quer alcançar e em quem você quer se tornar.

...Se autoavaliar verdadeiramente, assim você saberá quem você é de fato. Uma vez feito isso, você compreenderá melhor onde você está agora e como você chegou até esse momento, assim você estará mais preparado para identificar aonde você quer chegar e como quer chegar.

...Fazer da sua felicidade uma prioridade. Valorize-se. Estando feliz e satisfeito com a forma com que você cuida da sua vida, se sentirá mais capaz e com mais motivação a ajudar os outros também.

...Ser você mesmo corajosamente. Tenha orgulho de ser quem você genuinamente é. Tentar ser outra pessoa ou ser como os outros gostariam que você fosse o faz infeliz e desgostoso. Seja você mesmo, ame a sua individualidade, as suas capacidades, a sua força e a sua beleza (principalmente a interior).

...Viver o presente. O passado já foi e o futuro não se sabe como será. Portanto, a única coisa que resta é viver no presente e o agora é um verdadeiro milagre. O agora a única coisa que importa, pois é a única garantia que você tem de estar vivendo. Não se martirize pelo que passou e não se preocupe com o que virá.

...Valorizar as lições que seus erros ensinaram a você. Já ouviu dizer que "errar é humano"? Todo mundo erra, é normal. Somos humanos e a vida é uma constante experiência e nossa evolução, como pessoas e como humanidade, acontece quando aprendemos. E para aprender, é preciso também errar.

...Se arriscar mais, a ousar mais... Vá em busca dos seus sonhos e projetos sem medo de errar, pois só assim você terá a garantia de que as coisas acontecerão. Seja para o certo ou, se der errado, é um valioso indicativo para mudar a rota e seguir outro caminho.

...Aproveitar as coisas que você já tem. Um dos maiores problemas atualmente é que as pessoas acham que só serão felizes quando alcançarem certo status, certos bens materiais, certo tamanho de casa ou certo modelo de carro, fazendo com que você trabalhe muito para conseguir isso e, nesse meio tempo, muitas coisas realmente importantes podem passar despercebidas.

...Dar chance às suas ideias e aos seus sonhos. Por insegurança ou medo de errar, de "fazer feio", de perder alguma coisa, algum valor, algum bem, você trava. Acredite, independentemente do seu medo, na vida só acontece o que tiver que acontecer. Se você tiver que passar por uma experiência, ela virá até você mesmo que você se esconda debaixo da cama.

Então...

...Acreditar que você está pronto para o próximo passo. Você não precisa esperar "ficar pronto". Tudo o que precisa já está ao seu alcance. Então, aceite as oportunidades que aparecem no seu caminho como um indicativo que, sim, esse é o momento e você está pronto.

...Ter novos relacionamentos pelas razões certas: com o tempo, você preferirá estar com pessoas da sua confiança, que sejam honestas com você e que refletem a pessoa que você quer ser, isto é, pessoas que contribuam positivamente na sua vida. Por isso, dê atenção às novas relações que você quer firmar para a sua vida. Escolha companheiros que você terá orgulho de conhecer, que você admira e que demonstram amor e respeito.

...Ser gentil consigo mesmo. A maneira com que você trata você mesmo estabelece a forma com que tratará os outros. Os sentimentos que manifestamos refletem o que está no nosso interior. Se você quer atrair respeito, amor, educação, simpatia, atenção, comece, primeiro, por você, para si mesmo.

...Apreciar a beleza dos pequenos momentos. Em vez de ficar esperando que grandes coisas aconteçam na sua vida, procure a felicidade nas pequenas coisas que acontecem no seu dia a dia. Fazendo isso, quando você menos esperar, o seu coração estará em paz, o seu interior estará calmo, e as coisas grandes que você estava esperando naturalmente acontecerão sem que você perceba.

...Aceitar as coisas como elas são e não como desejaria que fossem. Um dos maiores desafios para quem quer evoluir é aprender a aceitar as coisas com elas são e conforme um ideal impossível. Não se trata de se contentar com a mediocridade, mas de amar e valorizar as coisas, mesmo quando elas não são "tudo aquilo".

...Caminhar rumo aos seus objetivos. A hora de dar o primeiro passo é agora. Não importa a distância do seu caminho, tudo sempre começa com um pequeno passo. E siga caminhando todos os dias, apesar de tudo.

...Trabalhar no seu projeto de vida de forma consistente e persistente. Quanto mais duro você trabalhar, mais sorte você terá. Poucas e corajosas pessoas estão trabalhando em cima dos seus sonhos, para que eles de fato "saiam do papel". A maioria senta-se à beira do caminho e se põe a olhar quem segue em frente e a se lamentar por não ter sorte.

...Assumir a responsabilidade pela sua própria vida ou alguém o fará. E quando o fizerem, você se tornará escravo de suas ideias e sonhos em vez de ser um pioneiro de você mesmo. Você é a única pessoa que pode controlar diretamente os resultados da sua vida, mesmo que não seja fácil. Cada pessoa possui os seus próprios obstáculos. Mas você deve assumir as responsabilidades pelas suas situações e superar esses obstáculos. Escolher não realizar isso é escolher uma vida de estar meramente existindo.

...Concentrar-se nas coisas que você consegue controlar. Afinal, você não pode mudar tudo, mas pode sempre mudar algo. Use a oração da serenidade como um mantra diário: "Deus, concede-me o desprendimento para aceitar as coisas que não posso alterar; a coragem para alterar as coisas que posso alterar; e a sabedoria para distinguir uma coisa da outra".

...Idealizar os resultados positivos. Sua mente precisa acreditar que pode fazer alguma coisa antes de realmente fazer. Você não pode controlar tudo o que acontece com você, mas pode controlar como você reage a essas situações.

...Olhar para as pessoas de sucesso, não com inveja, mas como fonte de inspiração. Aprenda com elas, cresça e evolua quer seja pessoal ou profissionalmente. Anote o que você admira nas outras pessoas, seja um ídolo famoso ou um colega de trabalho.

...Importar-se com o próximo. Afinal, somos todos semelhantes, somos todos irmãos de uma mesma família. A ajuda pode vir de muitas maneiras, inclusive dando bons conselhos e guiando quem está precisando de um direcionamento.

...Prestar atenção ao que seu corpo está lhe dizendo. Não se estresse, faça pequenas pausas, tenha calma e reduza o ritmo. Respire, sempre. Faça exercícios de respiração, como respirar fundo pelo nariz e soltar calmamente pela boca algumas vezes, durante vários momentos do dia. Isso auxilia a relaxar os músculos, proporcionando mais oxigenação do cérebro e, consequentemente, mais clareza e controle na atividade mental.

...Aceitar-se como você é. Para ser feliz, você precisa aprender a gostar do que tem e de quem você é, mas jamais se nivele por baixo ou tenha expectativas não realistas.

...Identificar quais são seus pontos fortes e fracos. Isso lhe mostrará em que você precisa melhorar, tanto no âmbito profissional como no pessoal. Assim, você pode tirar partido de suas qualidades e ter uma visão clara do que precisa desenvolver ao longo da carreira.

...Definir metas de curto, médio e longo prazos e trabalhar para alcançá-las. Revise seus objetivos e metas periodicamente, corrija o rumo se for preciso.

...Estudar, ler, se aperfeiçoar. Um profissional de sucesso está em constante desenvolvimento. Faça cursos relacionados aos seus objetivos profissionais, leia bons livros, procure informações de valor na internet. Seu desenvolvimento deve ser uma combinação de competências técnicas (na sua área de interesse) e comportamentais (negociação, liderança, gestão do tempo, resolução de conflitos etc.).

...Comprometer-se com você mesmo e com seus ideais. Comprometimento significa dedicação e responsabilidade. Mantenha o foco na satisfação do cliente, na qualidade do seu serviço, na organização do seu espaço de trabalho e no respeito aos horários e prazos estabelecidos.

...Apoiar seu colega de trabalho, sua amiga, a pessoa com quem você convive. Todos temos direito ao Sol e precisamos de orientação. Divida com eles generosamente o que aprendeu. Compartilhe ideias e conhecimentos, contribua para aprimorar processos do trabalho em equipe. A generosidade, o trabalho em equipe e o respeito à diversidade (de ideias, crenças etc.) estão ligados ao sucesso profissional.

E finalmente seja:

Resiliente, porque a resiliência é a capacidade de superar obstáculos, resistir a pressões e lidar com momentos de estresse sem se desequilibrar emocionalmente ou desanimar. Profissionais resilientes conseguem atravessar adversidades de forma madura e tranquila e são cada vez mais valorizados.

Confiante, porque confiar em si mesmo é ter clareza sobre suas capacidades, estar comprometido com seus objetivos, ter convicção de seus valores e segurança ao expor ideias e realizar uma atividade. A confiança é fundamental para sair da zona de conforto, inovar e assumir riscos calculados, características importantes e valorizadas pelo mercado. Um profissional confiante também inspira os demais e pode se tornar um líder.

Persistente, porque uma trajetória de sucesso quase sempre inclui momentos de fracasso. Basta olhar para a história de grandes líderes da humanidade, inventores e artistas para perceber que muitos deles foram desacreditados, receberam críticas severas, ou erraram repetidas vezes até acertarem. Um profissional de sucesso sabe aprender com seus erros e não desistir facilmente dos seus objetivos. Ser persistente é não "jogar a toalha" diante da primeira adversidade. Mas atenção: persistência também não é sinônimo de teimosia. É importante saber a hora de parar ou corrigir a rota para atingir o resultado esperado.

Ético, porque a ética e o sucesso andam de mãos dadas. Um profissional ético respeita os limites de sua função e segue regras de conduta ética profissional, o que é imprescindível para a conquista do sucesso no mercado de trabalho.

Seja feliz.

A felicidade é um estado de ânimo temporário, nem sempre você estará feliz e radiante. A boa notícia é que existem gatilhos de felicidade: comemorar cada vitória e conquista por mínima que seja é um deles. Seja uma fonte de comemorações diárias e realize-se diariamente.

Acredite, é só querer.

Perdi meu tempo...

Se você não estiver disposto a reconhecer seus erros e dar a volta por cima, eu terei perdido o meu tempo. Portanto, a partir de hoje, seu compromisso é faturar hoje mais do que ontem, porém menos do que amanhã.

Além disso, valorize cada segundo de sua vida.

No fim das contas, nosso tempo de passagem por aqui é limitado! Cada segundo neste mundo vale quantos milhões para você?

1. Elabore uma lista com cada uma das etapas necessárias para realizar cada um dos seus sonhos.

2. Faça um cronograma e coloque prazos em cada etapa. Por exemplo: fazer um curso de manicure até dezembro.

3. Estabeleça suas prioridades. O que é mais importante primeiro, mas não é preciso terminar uma etapa para começar outra, só cuide para não se enrolar ou acabar se sobrecarregando.

4. Com essa lista de tarefas em mãos, comece a trabalhar um pouco a cada dia.

5. Gaste tempo indo a palestras, oficinas, workshops. Além de aprender, nesses locais você tem a possibilidade de conhecer pessoas novas e começar a formar uma *network* (rede de contatos).

6. Quando estiver num evento, numa empresa ou local que pode ajudá-lo nessa sua caminhada, preste atenção aos detalhes, na estrutura, nas soluções encontradas, na atuação da equipe etc.

7. Crie uma pasta (no computador ou física mesmo, de papel) com as referências que achar interessantes e que possam ser aplicadas em seus projetos. Por exemplo: um modelo de roupa, um corte de cabelo, um estilo etc.

8. Faça um mapeamento dos canais de comunicação das lojas ou fábricas que forneçam produtos que serão necessários nos seus projetos. Por exemplo: o creme de cabelo que você mais gosta é fabricado onde, por quem? Se você quiser ter uma linha exclusiva de produtos, quem vai fabricar?

9. Aprenda a formar equipe, afinal, ninguém faz sucesso sozinho. Mas atraia pessoas que de fato possam contribuir com a realização de seus sonhos e ideias.

10. E por último, pegue tudo o que você aprendeu até aqui, e comece a caminhar... Devagar e sempre.

E que Deus o ilumine.

Espere... não feche o livro ainda. Aqui uma última listinha, resumindo tudo:

Planeje sua carreira.

Não tome uma decisão quando estiver cansado ou nervoso.

Doe o melhor de si no seu trabalho.

Seja proativo sempre.

Seja positivo.

Seja sociável.

Não fale demais.

Organize-se.

Esteja pronto para receber críticas.

Seja comprometido.

Tenha foco.

Não tenha medo de assumir novas responsabilidades.

Seja humilde.

Atualize-se sempre.

Tenha noção do seu valor.

Mantenha distância de tudo que possa prejudicá-lo.

Não desista.

Seja autocrítico.

Saiba qual é o seu sucesso e foque nele.

Gaste menos do que ganha.

Saiba perdoar a si e aos outros.

Trate os outros como gostaria de ser tratado.

Libere sua criatividade.

Seja ousado
(pense fora da caixinha).

Saiba a hora de começar e a hora de parar.

Assuma a direção da sua vida.

Pague suas contas em dia.

Dê às pessoas uma segunda chance.

Tenha fé... e atitude.

Mostre-se grande e forte mesmo que você se ache pequeno e frágil, e então você estará profetizando seu futuro eu.

MINHAS FONTES DE
inspiração

Aqui você encontra a bibliografia
de sites e livros que consultei e li para me
inspirar a produzir esse trabalho.

ABIHPEC. **Resultados do mercado brasileiro higiene pessoal, perfumaria e cosméticos.** Disponível em: <https://abihpec.org.br/areas-de-atuacao/comunicacao-e-marketing>. Acesso em: 13 mar. 2019.

ACELERATO. **Você precisa de motivação ou de automotivação?** Disponível em: <https://blog.acelerato.com/artigo/voce-precisa-de-motivacao-ou-de-automotivacao/>. Acesso em: 20 mar. 2019.

ADMINISTRADORES DIGITAIS. **Quer se destacar? 5 dicas para vender melhor seu peixe!** Disponível em: <https://www.administradores.com.br/artigos/carreira/quer-se-destacar-5-dicas-para-vender-melhor-seu-peixe/97768/>. Acesso em: 19 mar. 2019.

AGÊNCIA BRASIL. **Inadimplência atinge 62 milhões de brasileiros e afeta 3% do crédito.** Disponível em: <http://agenciabrasil.ebc.com.br/economia/noticia/2018-11/inadimplencia-atinge-62-milhoes-de-brasileiros-e-afeta-3-do-credito>. Acesso em: 19 mar. 2019.

AGENDOR. **Matriz SWOT como fazer.** Disponível em: <https://www.agendor.com.br/blog/matriz-swot-como-fazer/>. Acesso em: 20 mar. 2019.

ANVISA. **Escova progressiva, alisantes e formol.** Disponível em: <http://portal.anvisa.gov.br/resultado-de-busca?p_p_id=101&p_p_lifecycle=0&p_p_state=maximized&p_p_mode=view&p_p_col_id=column-1&p_p_col_count=1&_101_struts_action=%2fasset_publisher%2fview_content&_101_assetentryid=2868471&_101_type=content&_101_groupid=219201&_101_urltitle=escova-progressiva-alisantes-e-formol&inheritredirect=true>. Acesso em: 20 mar. 2019.

AUGUSTO CURY. **Como formar mentes brilhantes.** Disponível em: <http://www.augustocury.com.br/>. Acesso em: 13 mar. 2019.

BDROPS. **Dica de planejamento estratégico para seu salão de beleza.** Disponível em: <http://bdrops.tv/2018/06/22/dica-planejamento-estrategico-salao-beleza/>. Acesso em: 20 mar. 2019.

BEAUTYFAIR. **5 insights que a beauty fair trouxe da nrf para o varejo de beleza.** Disponível em: <https://beautyfair.com.br>. Acesso em: 13 mar. 2019.

BIBLIOTECAS SEBRAE. **Postura profissional e normas técnicas.** Disponível em: <https://bibliotecas.sebrae.com.br/chronus/arquivos_chronus/bds/bds.nsf/6e4121f67b0df6978325783400495136/$file/nt0004535a.pdf>. Acesso em: 19 mar. 2019.

BLOGLIVROSON. **Capítulo 1 - para baixo na toca do coelho.** Disponível em: <http://www.bloglivroson-line.com/2015/08/capitulo-1-para-baixo-na-toca-do-coelho.html>. Acesso em: 13 mar. 2019.

BLOGTEK. **Gestão da manutenção TPM** – total productive maintenance. Disponível em: <https://blogtek.com.br/tpm-total-productive-maintenance/>. Acesso em: 14 mar. 2019.

CABELEREIROS. **Como o profissional da beleza deve se comportar?** Disponível em: <http://cabeleireiros.com/noticias/como-o-profissional-da-beleza-deve-se-comportar>. Acesso em: 20 mar. 2019.

CABELEREIROS. **Maquiagem pode melhorar a reputação profissional.** Disponível em: <http://www.clicsoledade.com.br/clicnews/?pg=ler&id=5170>. Acesso em: 20 mar. 2019.

CARREIRA BEAUTY. **Salão de beleza**: 7 pecados (erros) que fazem o negócio quebrar. Disponível em: <https://blog.carreirabeauty.com/7-pecados-que-quebram-um-salao-de-beleza/#.xjatgsjkjiu>. Acesso em: 19 mar. 2019.

CEI. **Índice de experiência do cliente.** Disponível em: <http://www.infolink.co.tt>. Acesso em: 13 mar. 2019.

CITI SYSTEMS. **O que é TPM e porque esta ferramenta é tão popular na indústria.** Disponível em: <https://www.citisystems.com.br/o-que-e-tpm/>. Acesso em: 13 mar. 2019.

EXAME. **10 hábitos comuns a empresas de sucesso.** Disponível em: <https://exame.abril.com.br/negocios/10-habitos-comuns-a-empresas-de-sucesso/>. Acesso em: 20 mar. 2019.

FUNDAÇÃO VANZOLINI. **Pare de ser reativo, seja proativo!** Disponível em: <https://vanzolini.org.br/weblog/2016/05/25/pare-de-ser-reativo-seja-proativo/>. Acesso em: 13 mar. 2019.

GUIA DE CARREIRA. **Como obter sucesso profissional.** Disponível em: <https://www.guiadacarreira.com.br/carreira/como-obter-sucesso-profissional/>. Acesso em: 17 mar. 2019.

GUIA DO IDOSO. **Por que o controle financeiro pessoal é tão importante na sua vida?** Disponível em: <https://blog.guiabolso.com.br/2015/12/04/importancia-controle-financeiro-pessoal-na-vida/>. Acesso em: 19 mar. 2019.

IBC COACHING. **5 razões para nunca desistir.** Disponível em: <http://www.ibccoaching.com.br/portal/artigos/5-razoes-para-nunca-desistir/>. Acesso em: 20 mar. 2019.

IBC COACHING. **A importância da conduta ética no trabalho.** Disponível em: <http://www.ibccoaching.com.br/portal/comportamento/importancia-conduta-etica-trabalho/>. Acesso em: 17 mar. 2019.

IBC COACHING. **O que faz um empresário?** Disponível em: <https://www.ibccoaching.com.br/portal/empreendedorismo/o-que-faz-um-empresario/>. Acesso em: 12 mar. 2019.

IBRALC. **O mito de mehrabian - seja consistente em sua comunicação.** Disponível em: <https://ibralc.com.br/o-mito-de-mehrabian/>. Acesso em: 18 mar. 2019.

IG. **Pesquisa revela que 59% dos brasileiros fizeram compras por impulso.** Disponível em: <https://economia.ig.com.br/2018-05-14/credito-compra-por-impulso.html>. Acesso em: 19 mar. 2019.

JRM COACHING. **A importância da comunicação verbal e não verbal para o sucesso das empresas.** Disponível em: <https://www.jrmcoaching.com.br/blog/comunicacao-verbal-e-nao-verbal/>. Acesso em: 18 mar. 2019.

LAZAROTTO, Wilton. **O cálice do amor.** 2. ed. [S.L.]: WA, 2011.

LIMA, Wallace. **Dê um salto quântico na sua vida:** como treinar a sua mente para viver no presente e fazer o mundo conspirar a seu favor. 1 ed. [S.L.]: WA, 2011. 240 p.

MESTRE DO MARKETING. **Identidade visual o que você deve saber a respeito.** Disponível em: <https://www.mestredomarketing.com/identidade-visual-o-que-voce-deve-saber-a-respeito/>. Acesso em: 17 mar. 2019.

PAPO DE HOMEM. **O hábito de reclamar só piora a sua vida.** Disponível em: <https://papodehomem.com.br/reclamar-habito-piora-vida-rapido-devagar-daniel-kahneman/>. Acesso em: 17 mar. 2019.

PINOTE MÍDIA E PRODUÇÃO CULTURA. **10 dicas para colocar ideias em prática.** Disponível em: <https://www.pinoteproducoes.com/single-post/dicasparacolocarempratica>. Acesso em: 16 mar. 2019.

PORTAL EDUCAÇÃO. **A importância do trabalho na vida do ser humano.** Disponível em: <https://www.portaleducacao.com.br/conteudo/artigos/administracao/a-importancia-do-trabalho-na-vida-do-ser-humano/64594>. Acesso em: 19 mar. 2019.

R7. **Mercado da beleza se torna opção de empreendimento na crise.** Disponível em: <https://noticias.r7.com/economia/mercado-da-beleza-se-torna-opcao-de-empreendimento-na-crise-23092018>. Acesso em: 20 mar. 2019.

REVISTA EXAME. **Mercado de estética segue em expansão.** Disponível em: <https://exame.abril.com.br/negocios/dino/segundo-informacoes-mercado-de-estetica-segue-em-expansao/>. Acesso em: 18 mar. 2019.

REVISTA PEGN. **5 passos para vender melhor o seu "peixe".** Disponível em: <https://revistapegn.globo.com/feira-do-empreendedor-sp/noticia/2016/02/5-passos-para-vender-melhor-o-seu-peixe.html>. Acesso em: 19 mar. 2019.

REVISTA PEGN. 1**5 livros inspiradores para empreendedores de sucesso.** Disponível em: <https://revistapegn.globo.com/dia-a-dia/noticia/2015/10/15-livros-inspiradores-para-empreendedores-de-sucesso.html>. Acesso em: 20 mar. 2019.

SBCOACHING. **Principais erros que acabam com o sucesso.** Disponível em: <https://www.sbcoaching.com.br/blog/carreira/principais-erros-acabam-sucesso/>. Acesso em: 20 mar. 2019.

SCHUMPETER, Joseph A. **Capitalismo, socialismo e democracia.** 12. ed. Rio de Janeiro: Fundo de Cultura, 1961. 431 p.

SEBRAE. **6 etapas fundamentais para iniciar o seu novo negócio de maneira ideal.** Disponível em: <http://www.sebrae.com.br/sites/portalsebrae/sebraeaz/6-passos-para-iniciar-bem-o-seu-novo-negocio,a28b5e24d0905410vgnvcm2000003c74010arcrd>. Acesso em: 20 mar. 2019.

SEBRAE. **Como estruturar seu modelo de negócio.** Disponível em: <https://www.sebraepr.com.br/como-estruturar-seu-modelo-de-negocio/>. Acesso em: 14 mar. 2019.

SUZUKI, Tokutaro. **TPM in process industries.** 1 ed. [S.L.]: Productivity Press, 1994. 391 p.

UNIVERSIDADE DA BELEZA. **Plano de negócios para salão de beleza.** Disponível em: <https://www.universidadedabeleza.com/plano-de-negocios-para-salao-de-beleza-como-fazer/>. Acesso em: 20 mar. 2019.

VIVER BEM. **7 pecados capitais do empreendedor.** Disponível em: <https://viverdeblog.com/7-pecados-capitais-empreendedor/>. Acesso em: 19 mar. 2019 materia/o-que-leva-um-salao-de-beleza-a-falencia/14/>. Acesso em: 20 mar. 2019.

VOGUE. **Livro aprendizados de Gisele Bundchen.** Disponível em: <https://vogue.globo.com/lifestyle/cultura/noticia/2018/10/exclusivo-leia-um-trecho-do-livro-aprendizados-de-gisele-bundchen.html>. Acesso em: 19 mar. 2019.

VITAL
EDITORA E PRODUTORA

Editora Pandorga | Pandorga Publisher
www.editorapandorga.com.br
www.facebook.com/editorapandorga/
The Square Granja Vianna
Rodovia Raposo Tavares, Km 22 – Lageadinho – Cotia
São Paulo - Brasil – CEP: 0679-015
Fone | Phone: 55 011 4612-6404 - 55 011 4612- 3956